江苏省高校品牌专业建设工程一期项目成果

国家社科基金重大项目《西方"马克思学"形成和发展、意识形态本质
及其当代走向研究》（13&ZD070）阶段性成果

江苏省高等教育教改研究课题《大规模在线课程（慕课）与哲学通识教育
的转型与升级研究》（2015JSJG168）阶段性成果

江苏省教育科学"十二五"规划课题《哲学通识教育的理念、历史及其
发展趋势研究》（D/2015/01/01）阶段性成果

南慕讲堂丛书

王守仁／主编

理解马克思

卡尔·马克思的生平与核心著作导读

张　亮　周嘉昕　孙乐强◎著

人民出版社

目　录

总　序

　　随着信息技术日新月异的快速发展，高等教育信息化程度不断提高，慕课作为一种新型在线课程异军突起。慕课是英文 MOOC 的音译，每个字母分别代表大规模（Massive）、开放（Open）、在线（Online）、课程（Course）的意思。慕课具有授课教师精英化、学习者多元化、知识碎片化、平台集成化、学习自主化、评价多样化等特点，它打破了时空界限，使每个学习者都可以零距离地接触到世界一流大学的优质教学资源，促使教与学的方式发生重大变化，对传统课堂教学产生了冲击。

　　慕课近年来发展迅速，在世界范围内引起广泛关注，目前全球已有数千万学习者参与其中。慕课是当今世界高等教育改革与发展不得不面对的一个重大课题。对于我国而言，慕课的出现既是一种挑战，也是一种历史机遇。它搭建了一个各国教育在开放中交流、竞争的新舞台，但同时也能让中国高等教育在全球化博弈中发出自己的声音，能够为我们国家的优质教育资源"走出去"提供重要的战略平台。

　　纵观中国高等教育发展史，南京大学始终走在教育教学改革的前列。改革开放以来，南京大学贯彻落实党的教育方针，结合国际国内高等教育的发展趋势，坚持"以学科建设为龙头、队伍建设为核心、人才培养为根本"的办学理念，不断深化改革创新。2009 年，南京大学提出"办中国最好的本科教育"的目标，全面推进"三三制"本科教学改革，打破单一的专业人才培养模式，深入探索以个性化培养、自主性选择、多元化发展为特征的立体化人才培养新方案。经过七年多的努力，"三三制"本科教学改革已取得显著成效。与此同时，南京大学扎根中国大地，遵循教育规律，"着力内涵发展，彰显南大特色"，推进世界一流大学和一流学科建设，不断提升学校的综合实力和国际竞争力。

当慕课"浪潮"来袭时，南京大学积极迎接挑战，秉持"重质量、出精品、创一流"的工作理念，以"立足通识、突出优势、强化特色、示范共享"为原则，结合"三三制"本科教学改革，依托学校雄厚的师资力量，顶层设计规划，整合优势资源，精心打造了一批符合世界教育发展趋势并体现南大特色、中国风格的优质慕课。这些课程 2015 年 3 月后在国际慕课平台 Coursera 陆续上线，受到世界各地学习者的普遍欢迎。为进一步扩大优质教育资源的辐射面，更好地服务于国内高校的人才培养和教学改革，南京大学于 2016 年春季启动了慕课的国内上线工作，以期更好地发挥它们的引领和示范作用。

"南慕讲堂"慕课读本系列是南京大学以前期慕课建设工作为基础，探索如何将优质课程资源转化为教材资源、构建线上课程与线下读本融合机制的改革成果。我们在策划系列丛书项目时，继续以"重质量、出精品、创一流"为指导思想，将那些受到全球学习者高度好评的课程筛选出来，以此为蓝本，自主编写与课程相配套的慕课读本，这种遴选机制足以保证系列丛书的品质和质量。就内容而言，"南慕讲堂"慕课读本系列是以通识教育为核心的通识读本，系列丛书的问世可以有效弥补当前我国通识教育读本建设的短板。

南京大学慕课建设取得突出成绩，最主要在于授课老师们在百忙中以极大的热情投入慕课制作和读本撰写，他们高效率、高质量、高水平的工作给我留下深刻印象。我作为南京大学教师教学发展中心负责人，有幸参与推进慕课建设这一十分有意义的工作。在"南慕讲堂"慕课读本系列出版之际，谨向所有关心、支持、参与南京大学慕课建设的老师们表示衷心的感谢，希望这套凝结了许多人热情和智慧的丛书能为新时期中国大学的人才培养和教学改革提供有益借鉴。

王守仁　教授

南京大学教师教学发展中心主任

第一届国家级高等学校教学名师奖获得者

2016 年 6 月于南京大学

导　言

今天为什么还要读马克思？

　　1883 年 3 月 14 日下午两点三刻，马克思在伦敦的寓所安详离世，享年 65 岁。在三天后举行的葬礼上，他的终生朋友与合作者恩格斯预言："他的英名和事业将永垂不朽！"[①] 历史已经证明这一预言是多么的正确。1999 年和 2005 年，英国广播公司（BBC）曾分别举办"千年思想家"和"古今最伟大哲学家"调查，马克思均名列第一。这些充分说明了马克思在人类历史特别是思想史上的位置。

英国广播公司（BBC）于 1999 年和 2005 年发起的投票结果

	"千年思想家"（1999 年）	"古今最伟大哲学家"（2005 年）
1	马克思	马克思
2	爱因斯坦	休谟
3	牛顿	维特根斯坦
4	达尔文	尼采
5	托马斯·阿奎那	柏拉图
6	斯蒂芬·霍金	康德
7	康德	托马斯·阿奎那
8	笛卡尔	苏格拉底
9	詹姆斯·麦克斯韦	亚里士多德
10	尼采	卡尔·波普

---

　　① 《马克思恩格斯文集》第 3 卷，人民出版社 2009 年版，第 603 页。

19世纪英国君主维多利亚女王（1819—1901）在位64年（1837—1901），史称"维多利亚时代"。在这一时期，英国自由资本主义迅猛发展，殖民扩张进程强势推进，综合国力达到鼎盛，领土面积约3367万平方公里，是世界陆地总面积的四分之一，人口约4亿—5亿，也约占当时全球人口的四分之一。大英帝国因此继西班牙帝国之后，成为世界历史上第二个被冠以"日不落帝国"的国家。

第二国际各国民主社会党进入议会时间轴

按照历史学家的说法，马克思生活在"维多利亚时代（1837—1901）"。于是，人们不禁会问：一百多年过去了，曾经的"日不落帝国"早已是明日黄花，马克思还没有过时吗？换种问法，在21世纪的今天，我们为什么还要读马克思呢？

首先，这是因为马克思已经改变并且正在继续改变世界。

马克思说："哲学家们只是用不同的方式解释世界，问题在于改变世界。"① 他不仅是这么说的，更是这么做的。作为一个革命家，他的毕生使命"就是以这种或那种方式参加推翻资本主义社会及其所建立的国家设施的事业，参加现代无产阶级的解放事业"②。正是在他的思想指引下，19世纪末20世纪初，西欧无产阶级及其政党不断发展壮大，日益成为现代政治舞台上的重要力量。

1917年4月16日深夜，流亡国外的列宁乘火车悄悄抵达彼得格勒的芬兰车站。半年后的11月7日（俄历10月25日），列宁领导下的布尔什维克发动武装起义，在"震撼世界的十天"③里建立了人类历史上第一个由马克思主义政

---

① 《马克思恩格斯文集》第3卷，人民出版社2009年版，第603页。
② 《马克思恩格斯文集》第3卷，人民出版社2009年版，第602页。
③ 美国记者、诗人约翰·里德（1887—1920）是向西方世界报道十月革命的第一人。1919年，他的新闻报道以《震撼世界的十天》结集出版，产生巨大影响。

党领导的社会主义国家——苏联。今天，苏联已经成为历史。但是，谁也无法否认，现代世界历史的进程及其面貌已经因为"十月革命"和苏联发生了重大改变。

"十月革命"一声炮响，给中国送来了马克思列宁主义。正在探索救亡图存正确道路的中国人民从此有了前进的灯塔。1921 年中国共产党的成立，使中国人民有了前进的主心骨。1949 年中华人民共和国的成立，使中国人民成为国家、社会和自己命运的主人，实现了中国向人民民主制度的伟大跨越。65 年来，中国人民在中国共产党的领导下进行社会主义革命和建设，找到了一条符合中国国情的中国特色社会主义道路，国家正一天天走向繁荣富强，民族正一步步走向伟大复兴。2010 年，中国的国民生产总值（GDP）超过日本，成为世界第二大经济体。此后，全球经济学家和新闻界纷纷预测，中国何时超越美国，成为世界最大经济体。不管是世界银行预测的 2014 年，还是《经济学人》杂志预测的 2018 年，总之，已经有越来越多人看到，中国共产党领导下的中国将会在不久的将来成为世界经济的领头羊。

其次，这是因为马克思对资本主义生产方式的科学理解成为可能。

恩格斯认为，马克思有两个伟大发现，其中第二个是发现了资本主义生产方式并科学地揭示了它的运动规律及历史命运。[①]"就像牛顿发现了看不见的力即万有引力定律、弗洛伊德发现了看不见的现象即潜意识的工作机制一样，马克思揭示了我们日常生活中一个难以察觉的实体，那就是资本主义生产方式。"[②]基于对资本主义认识史的严肃反思，20 世纪 80 年代初，当今世界最重要的社会理论家安东尼·吉登斯就指出："对于任何试图理解 18 世纪以来横扫整个世界的大规模变迁的人来说，马克思有关资本主义生产方式的分析仍然是一个必要的核心。"[③]因此，每当资本主义生产方

中国道路
的探索和发展

---

① 《马克思恩格斯文集》第 3 卷，人民出版社 2009 年版，第 601 页。

② Terry Eagleton, *Why Marx was Right*, New Haven & London: Yale University Press, 2011, p. xi.

③ Anthony Giddens, *A Contemporary Critique of Historical Materialism Vol.1 Power Property and the State*, Berkeley and Los Angeles: University of California Press, 1981, p.1.

式遭遇问题或危机，人们都会不约而同地转向马克思，希望从他这里获得某种教益。因为，"正是马克思，而且首要的是马克思，仍然为我们提供批判现存社会的最锐利的武器"①。

最后，这是因为马克思已经融入当代思想的主流，成为一种无法割裂的新传统。

19 世纪，马克思的思想是一种被保守派和极端民主派竞相排斥的革命思想。进入 20 世纪以后，它不断融入当代思想，成为与分析哲学、现象学、结构主义并列的四大哲学主潮。②20 世纪 50 年代中期新左派运动兴起后，马克思与后世其他马克思主义者以前所未有的速度和规模大举进军西方学院，成功改变了当代思想的"基因"。正因为如此，法国解构主义大师雅克·德里达宣称："全世界的男男女女们，不论愿意与否，甚至知道与否，他们今天在某种程度上都是马克思和马克思主义的继承人。"③

基于上述理由，我们一点也不感到奇怪地看到，马克思的著作频繁出现在世界顶尖大学的推荐阅读书目中，成为未来领导者们需要去阅读、去了解的经典。

---

① Jonathan Wolff, *Why Read Marx Today?*, Oxford: Oxford University Press, 2002, p.2.

② Jürgen Habermas, *Postmetaphysical Thinking*, Cambridge: Massachusetts Institute of Technology Press, 1992, p.4.

③ Jacques Derrida, *Specters of Marx: the State of the Debt, the Work of Mourning, and the New International*, New York: Routledge, 1994, p.91.

第一章
马克思:"改变世界"的哲学家

1.马克思的"时代"及其"时代精神"

青年马克思有一句广为流传的名言:"任何真正的哲学都是自己时代的精神上的精华","是文明的活的灵魂"。① 用他的哲学导师黑格尔的话说,真正的哲学是时代的产物,是"被把握在思想中的它的时代"。② 这意味着:如果人们想要真正了解一种哲学、一种思想,就需要深入到它赖以生成的时代中去。

那么,什么是马克思的"时代"呢?

20世纪60年代,马克思主义历史学家艾瑞

艾瑞克·霍布斯鲍姆(1917—2012)是享誉世界的近代史大师。他的19世纪三部曲《革命的年代:1789—1848年的欧洲》(1962)、《资本的年代(1848—1875)》(1975)和《帝国的年代(1875—1914)》(1987),以及《极端的年代:暂短的20世纪》(1994),为当代读者提供了一种完整的世界近现代史观念。

霍布斯鲍姆去世后葬在伦敦海格特公墓马克思墓的对面。

① 《马克思恩格斯全集》第1卷,人民出版社1995年版,第220页。
② [德] 黑格尔:《法哲学原理》,范扬、张企泰译,商务印书馆1981年版,第12页。

克·霍布斯鲍姆站在世界历史的高度，就此给出了一种切合马克思基本精神的解答：马克思的"时代"就是1789—1848年间那个"革命的年代"。

革命战车的双轮：英国工业革命与法国大革命

霍布斯鲍姆指出，1789年的法国大革命和同时期英国发生的工业革命是一种"二元革命"，[①] 或者更形象地说，是一辆革命战车的两个轮子：工业革命提供了经济上的爆炸物，"所向披靡、势不可挡"，"在今天的商人和蒸汽机面前，过去的神仙和皇帝们都显得虚弱无力"；[②] 法国大革命则为革命的时代提供了政治和意识形态的武器。[③] 虽然英国和法国这两个国家既相邻更相争，但工业革命和法国大革命这两种革命却互为补充。事实上，当它们合为一体后，爆发出了震惊世界的力量，不仅推动1789—1848年间的欧洲发生了根本性的变革，确立了欧洲对整个世界的政治、军事的绝对统治，而且将这种变革扩展到整个世界。"1789—1848年间的这场伟大革命，不是单纯的'工业'的胜利，而是资本主义工业的胜利；不是抽象的自由平等的胜利，而是中产阶级或资产阶级自由社会的胜利；不是'现代经济'或'现代国家'的胜利，而是世界上特定地域（欧洲部分地区和北美少数地区）的经济体和国家的胜利，其中心是英国和法国这两个既相邻更相争的国家。1789—1848年间的转变从本质上讲就是发生在这两个国家的双生大变革，此后，这种大变革席卷整个世界。"[④]

"革命是历史的火车头。"[⑤] 随着二元革命的不断前进，霍布斯鲍姆指出，一系列历史结果不断产生出来：第一是以土地所有权、土地占有权和农业为核心的旧制度的解体；第二是资本主义工业制度的确立及其扩张；第三是社会阶级结构的变迁，这既包括各种中间阶级的兴起，也包括无产阶级的形成；第四是资产阶级逐渐确立了自己的意识形态领导地位；第五是文学艺术、自然科学和社会学科开始以各自的方式反映、反思二元革命的冲击；第

① Eric Hobsbawm, *The Age of Revolution*, 1789–1848, New York: Vintage Books, 1996, p. ix.

② Eric Hobsbawm, *The Age of Revolution*, 1789–1848, p.52.

③ Eric Hobsbawm, *The Age of Revolution*, 1789–1848, p.53.

④ Eric Hobsbawm, *The Age of Revolution*, 1789–1848, pp.1–2.

⑤ 《马克思恩格斯文集》第2卷，人民出版社2009年版，第161页。

六是资本主义制度的内在矛盾不断成熟，资产阶级与无产阶级的阶级斗争日益尖锐，以至于人们越发强烈地意识到，一场新的、与无产阶级的名字联系在一起的社会革命已经蓄势待发。"每个人都知道这一点。很少有革命能像这场革命那样已经被人们普遍地预见到，尽管准确的国家和准确的时间尚难精确预见。整个欧洲大陆都在等待着，等待着将革命的消息用电报传遍千城万镇。"① 早在 1831 年，当时还很年轻的法国大文豪维克多·雨果（1802—1885）就已经听到"革命"的隆隆轰鸣，他写道："这种声音虽然深埋地层深处，但正从巴黎这个矿场的中心竖井向着遍布所有欧洲王国的地下巷道系

油画《自由引导人民》。为了纪念 1830 年法国七月革命，法国画家德拉克罗瓦创作了油画《自由引导人民》（又名《1830 年 7 月 27 日》），表达了画家对革命一定会胜利、自由终将到来的坚定信心。1831 年 5 月 1 日，该画作在巴黎首次公开展出，引发轰动。

---

① Eric Hobsbawm, *The Age of Revolution*, 1789–1848, p.308.

统汹涌传递。"①1847 年，随着经济危机的出现，这革命之声陡然高亢起来。到了 1848 年，革命最终爆发。

马克思创造性探索的理论前提

"革命的年代"造就革命的"时代精神"。这种革命的"时代精神"突出地表现在对资本主义生产方式及其未来的批判性思考上。尽管并不总是自觉的，但德国古典哲学、英国古典政治经济学、法国复辟时期的历史学和英法空想社会主义都对这个问题进行了积极的思考，留下了一批重要的思想成果。它们共同构成了马克思创造性探索的理论前提。

2.马克思的少年时代

1818 年 5 月 5 日凌晨 2 点，马克思在特里尔诞生。

特里尔是一座历史悠久的古城。公元 14 世纪后，该城曾是神圣罗马帝国特里尔选帝侯国首府。1793 年，法国革命军占领特里尔，受到当地民众

具有强烈的自由主义政治传统的古城特里尔

的热烈欢迎。根据 1801 年《吕内维尔和约》②，包括特里尔在内的莱茵河左岸地区被并入法国版图，依照法国大革命的政治原则和《法国民法典》③（1804）进行治理。因此，特里尔具有比当时德国其他地方都要强烈的自由主义政治传统。1814 年，莱茵地区被并入普鲁士王国。特里尔人发现自己一夜之间从公民变成了国王陛下的"臣民"！政治和经济的不满情绪由此出现并不断积累。

马克思的父母都是犹太人。他的父亲亨利希·马克思（1782—1838）出身于特里尔一个历史悠久的犹太教拉比家族，母亲罕丽达·普列斯波克

---

① Victor Hugo, *Les Feuilles D'automne*, London: J. M. Dent & Company,1831, p.16.

② 《吕内维尔和约》是法国与奥地利于 1801 年签订的和约。该和约承认法国对莱茵河左岸领土的占领，承认法国对比利时和意大利北部地区的统治，并接受法国在意大利北部建立的"姊妹共和国"。法国则承认奥地利继续占有威尼斯。

③ 1804 年公布施行的《法国民法典》是第一部以资本主义经济制度为基础的民法典。它在 1804 年公布时的名称是《法兰西人的民法典》。1807 年又被法律赋予《拿破仑法典》的尊称。

（1787—1863）则是一个 17 世纪移居荷兰的匈牙利犹太教拉比家族的后裔。就像马克思后来写的那样，"一切已死的先辈们的传统，像梦魇一样纠缠着活人的头脑"①。犹太文化和宗教传统对马克思的影响肯定是存在的。不过，如果就此认为犹太教拉比传统是理解马克思思想的钥匙，恐怕很难成立。首先，马克思的父亲很早就与家庭断绝了往来，声称除了生命和母爱"再也没有得到什么东西"。② 其次，为了继续担任国家公职，马克思的父亲于 1817年根据普鲁士王国的法律改宗新教，1824 年和 1825 年，其他家庭成员也都分别受洗，信奉新教。再次，马克思的母亲较为依恋犹太教，但作为一位没有接受过教育的家庭妇女，她对子女的思想影响很小。最后，马克思的父亲在"思想上深受法国 18 世纪关于宗教、科学和艺术等概念的影响"③，是特里尔自由主义运动的支持者。在宗教方面，他不仅不是"狂热的宗教信徒"，而且很大程度上信奉的是"牛顿、洛克和莱布尼茨所信仰过的"自然神论。④

马克思的父亲是特里尔高等上诉法院的律师，收入虽然不是特别高，但却足以维持一种中产阶级的体面生活。马克思家有 9 个子女，马克思排行老三。由于最大的孩子 4 岁就夭折，所以马克思实际上是家中的长子。

1830—1835 年，马克思在特里尔的弗里德里希·威廉中学读书。这是一所以启蒙运动的自由主义精神为立校之本的自由派学校。马克思在这里接受了充实的人本主义教育，形成了一种以理性主义道德神学为底色的世界观。马克思此时主要受到三个方面的思想影响：首先是他的父亲，特别是后者的理性主义、宗教上和政治上的自由主义，马克思终身眷念自己的父亲，至死都随身携带父亲的照片；⑤ 其次是以胡果·维腾巴赫为代表的一些自由派中学老师，维腾巴赫是马克思的历史老师，也是一位康德哲学专家，他

---

① 《马克思恩格斯文集》第 2 卷，人民出版社 2009 年版，第 471 页。
② 《马克思恩格斯全集》第 40 卷，人民出版社 1982 年版，第 863 页。
③ 中共中央马克思恩格斯列宁斯大林著作编译局编：《回忆马克思》，人民出版社 2005年版，第 218 页。
④ 《马克思恩格斯全集》第 40 卷，人民出版社 1982 年版，第 832 页。
⑤ 中共中央马克思恩格斯列宁斯大林著作编译局编：《回忆马克思》，人民出版社 2005年版，第 217 页。

对特里尔的启蒙思想运动具有重要影响，马克思当时的许多观点都可以在他的论著中找到出处；最后是马克思"敬爱的慈父般的朋友"①及未来的岳父冯·威斯特华伦男爵（1770—1842）。男爵喜爱并经常教导马克思，他不仅让马克思对浪漫主义文学产生了浓厚的兴趣，②而且激发了马克思对法国空想社会主义者圣西门的人格和著作的兴趣。

1835年8月10日到15日，马克思参加了三场毕业考试，留下了三份作文试卷：8月10日的宗教问题作文《根据约翰福音第15章第1至14节论信徒和基督的一致，这种一致的原因和实质，它的绝对必要及其影响》、8月12日的德语自由作文《青年在选择职业时的考虑》和8月15日的拉丁语作文《奥古斯都的元首政治应不应当算是罗马国家较幸福的时代》。这三篇作文中较有新意、更能展现马克思世界观特征的当属《青年在选择职业时的考虑》。在这篇作文中，马克思表达了三点值得关注的思想：

马克思家谱图

一是对现实力量的尊重。马克思说："我们并不总是能够选择我们自认为适合的职业；我们在社会上的关系，还在我们有能力决定它们以前就已经在某种程度上开始确立了。"③

二是对从事实际工作的推崇。马克思写道："那些主要不是干预生活本身，而是从事抽象真理的研究的职业，对于还没有确立坚定的原则和牢固的、不可动摇的信念的青年是最危险的，

马克思的中学毕业论文

---

① 《马克思恩格斯全集》第1卷，人民出版社1995年版，第9页。

② 中共中央马克思恩格斯列宁斯大林著作编译局编：《回忆马克思》，人民出版社2005年版，第218页。

③ 《马克思恩格斯全集》第1卷，人民出版社1995年版，第457页。

当然，如果这些职业在我们心里深深地扎下了根，如果我们能够为它们的主导思想而牺牲生命、竭尽全力，这些职业看来还是最高尚的。"①

三是献身全人类事业的理想主义。马克思说："如果我们选择了最能为人类而工作的职业，那么，重担就不能把我们压倒，因为这是为大家作出的牺牲；那时我们所享受的就不是可怜的、有限的、自私的乐趣，我们的幸福将属于千百万人，我们的事业将悄然无声地存在下去，但是它会永远发挥作用，而面对我们的骨灰，高尚的人们将洒下热泪。"②

1835 年 9 月，马克思中学毕业。在全班 32 名学生中，马克思的成绩排第 8 名。不过，他是班里年龄最小的学生之一，而且只有他的毕业证书上写有"发挥才能，勿负众望"的总评语。③

3. 马克思的大学时代：走向哲学

1835 年 10 月中旬，马克思乘船抵达波恩，在波恩大学注册选修法律。④

初入大学的马克思对学习充满热忱。他曾打算同时选修九门课程，他的父亲觉得"多了一点"，担心超过了"身体和精力所能支持的限度"⑤。不过，就像大多数刚刚摆脱家庭束缚的德国大学生一样，他也喜欢饮酒取乐，甚至因为夜间酗酒吵闹，被关禁闭 1 天。同样让他的父亲头痛的是，他难以有效控制自己的开

大学时代的马克思

---

① 《马克思恩格斯全集》第 1 卷，人民出版社 1995 年版，第 458—459 页。

② 《马克思恩格斯全集》第 1 卷，人民出版社 1995 年版，第 459—460 页。

③ 《马克思恩格斯全集》第 1 卷，人民出版社 1995 年版，第 933 页。

④ 波恩大学成立于 1818 年，而其前身则可以追溯到 1777 年。为了向大学的捐助者普鲁士国王弗里德利希·威廉三世致敬，1828 年，学校被命名为莱茵波恩弗里德利希·威廉大学，简称波恩大学。

⑤ 《马克思恩格斯全集》第 40 卷，人民出版社 1982 年版，第 831 页。

马克思的妻子燕妮·冯·威斯特华伦（1814—1881）

支。好在超支往往是与学业有关，所以，在严词责备之余，他的父亲都会照单全付，甚至表示"如需要，还可再寄"①。

马克思在波恩大学只待了两个学期。1836年7月1日，他的父亲致信校方，表示自己的儿子将在下学期转入柏林大学继续学习法律。

1836年暑假，返回特里尔的马克思与相爱多年的燕妮·冯·威斯特华伦（1814—1881）私订终身。这桩婚约颇有点离经叛道的意味：订婚是秘密进行的；市民之子居然要娶贵族小姐为妻；更不可想象的是，妻子年龄比丈夫大！正因为如此，燕妮不愿或不敢公开婚约。这让马克思心情沮丧，选择用诗歌创作来抒发自己被抑制的情感。短短几个月，他创作了三部诗集献给燕妮、一部诗集献给自己的父亲。这些诗作在诗学上受到德国浪漫派的深刻影响，其核心特点是"修辞学上的考虑代替了富于诗意的思想"②。它们几乎没有什么文学价值，其意义主要在于保存了马克思当时世界观的某些方面。

1836年10月，马克思乘邮车前往柏林，700多公里的旅程总共花了5天。当时的柏林还是一个前现代的"王都"："有刚刚诞生的资产阶级，有口头上勇敢、行动上怯懦的奴颜婢膝的小资产阶级，有发展程度极低的工人，有大批的官僚以及贵族的和宫廷的奴仆，我们知道柏林仅仅作为一个'京城'所具有的一切特点"。③ 不过，马克思即将入读的柏林大学却是当时德语区甚至是整个西方世界最好的大学。④

① 《马克思恩格斯全集》第40卷，人民出版社1982年版，第840页。
② 《马克思恩格斯全集》第40卷，人民出版社1982年版，第10页。
③ 《马克思恩格斯文集》第4卷，人民出版社2009年版，第6页。
④ 柏林大学成立于1810年，全称柏林弗里特希—威廉大学。该大学由德国教育改革家威廉·冯·洪堡创办。它颠覆了传统大学模式，树立了现代大学的完美典范。于1830年出任柏林大学校长的黑格尔曾赞誉"没有洪堡大学就没有光辉灿烂的德意志文明"。

19 世纪的柏林大学

在柏林大学的第一年里，除了写诗，马克思也在认真地钻研法学。因为他清楚地知道："写诗可以而且应该仅仅是附带的事情，因为我应该研究法学"。① 在双方家庭最终同意他与燕妮的婚约后，他钻研法学的劲头就更足了。在他看来，要想学好法学，必须首先学好哲学，因为"这两门学科紧密地交织在一起"②。当时德国的哲学是与康德、费希特、谢林、黑格尔的名字联系在一起的。

早期教育使得马克思天然亲近康德、费希特式的"理想主义"，至于在柏林占据主导地位的黑格尔哲学，他则因为其保守外观而"不喜欢"。③ 恩格斯曾经批评，德国思想界，特别是青年人喜欢构造"体系"，"最不起眼的哲学博士，甚至大学生，动辄就要创造一个完整的'体系'"。④ 马克思当

马克思在波恩大学的求学岁月

① 《马克思恩格斯全集》第 40 卷，人民出版社 1982 年版，第 10 页。
② 《马克思恩格斯全集》第 40 卷，人民出版社 1982 年版，第 10 页。
③ 《马克思恩格斯全集》第 40 卷，人民出版社 1982 年版，第 14 页。
④ 《马克思恩格斯文集》第 9 卷，人民出版社 2009 年版，第 8 页。

康德（1724—1804）是德国古典哲学的创始人。他发动"哥白尼式的革命"，确立了主体在认识过程中的中心地位。

费希特（1762—1814）沿着康德开辟的方向前进，把自我作为自己哲学的出发点，在自我的基础上实现了自我与非我的统一。

时也是如此。他多次尝试建构法哲学体系，但均以失败告终。这导致他原有的哲学世界观的破产："帷幕降下来了，我最神圣的东西已经毁了，必须把新的神安置进去"。① 那么，这个"新的神"是什么呢？恰恰是他"不喜欢"的黑格尔哲学！他绝对没有想到，当他走近谢林哲学，试图"从理想主义……转向现实本身去寻求思想"时，必然会被黑格尔哲学"诱入敌人的怀抱"，② 因为黑格尔既是谢林哲学更是整个德国古典哲学的完成者。

走向哲学之后的马克思系统阅读了黑格尔的全部著作及其子弟们的大部分著作，并加入一个博士俱乐部，成为形成中的青年黑格尔派的一分子。马克思极富哲学思辨，很快就在博士俱乐部中脱颖而出，成为其中的一个中心人物，并与俱乐部的灵魂人物、柏林大学的神学讲师布鲁诺·鲍威尔建立

博士俱乐部

了亲密的友谊。1838年5月，马克思的父亲去世。这让马克思的职业选择陡然急迫起来。他很想从事一些具体性的行业，但遭到鲍威尔的反对，即将去波恩大学任教的鲍威尔还允诺帮助他获得一个哲学讲师职位。最终，1839年初，马克思听从鲍威尔的建议，决定撰写一篇博士论文。

1839年初至1840年初，马克思一直忙于博士论文的准备工作。他最初

---

① 《马克思恩格斯全集》第40卷，人民出版社1982年版，第15页。
② 《马克思恩格斯全集》第40卷，人民出版社1982年版，第15页。

谢林（1775—1854）则提出，哲学应当以超越主体与客体、自我与非我的"绝对的同一性"为起点。

黑格尔（1770—1831）基于超越自我与非我的"绝对精神"，建构了一个庞大的、百科全书式的哲学体系，完成了德国古典哲学。

荷尔德林（1770—1843）是德国伟大的诗人，也是谢林和黑格尔在图宾根神学院的同学兼舍友。

只想专写一篇关于伊壁鸠鲁（公元前341—前270）哲学的学位论文，但随着研究工作的深入，他最终决定在较为完整的古希腊哲学史的背景上，对伊壁鸠鲁哲学进行一种比较研究。1840年7、8月至1841年3月，马克思创作了题为《德谟克利特的自然哲学和伊壁鸠鲁的自然哲学的差别》的博士论文。很清楚，马克思从来也都没有打算将博士论文写成一种纯粹的哲学史著作，对于他来说，博士论文主要是自己的自我意识哲学的一种表达和实现方式。他最终的结论是：伊壁鸠鲁哲学的原理"是自我意识的绝对性和自由，尽管这个自我意识只是在个别性的形式上来理解的"[1]，在伊壁鸠鲁那里，"原子论及其所有矛盾，作为自我意识的自然科学业已实现和

布鲁诺·鲍威尔（1809—1882）

① 《马克思恩格斯全集》第40卷，人民出版社1982年版，第241页。

完成"①。一句话，伊壁鸠鲁哲学历史地论证了黑格尔本质学说的真理性，以及青年黑格尔派运用自我意识哲学对黑格尔哲学进行革命化改造的真理性。

1841 年 3 月 30 日，马克思获得柏林大学的毕业证书。4 月 6 日，他向耶拿大学②提交了博士论文，并在缺席的情况下于 4 月 15 日被即刻授予博士学位。

4. 马克思的第一次思想转变

在 1914 年为马克思撰写的传记词条中，列宁提出，1841 年至 1843 年底，马克思的思想存在着"从唯心主义转向唯物主义、从革命民主主义转向共产主义"的转变过程，这一过程起于《莱茵报》，终于《德法年鉴》。③ 这就是马克思的第一次思想转变。

《莱茵报》是何物？计划投身学术的马克思怎么和它发生关联的呢？

《莱茵政治、商业和工业日报》（简称《莱茵报》）1842 年元旦在工商业城市科隆正式出版，是一份反映普鲁士工商业者利益的自由派报纸。1841 年 7 月，马克思听从鲍威尔的意见，迁居至科隆附近的波恩，为计划中的教职做准备。不过，他与鲍威尔介绍认识的那些波恩大学的大人物缺少共同语言，却与正在筹备《莱茵报》的青年黑格尔派成员格奥尔格·荣克趣味相投，因此一开始就介入了《莱茵报》的创办。1842 年 3 月，鲍威尔被普鲁士最高法庭裁定撤职。青年黑格尔派就此失去了在普鲁士大学任教的可能性。6 月底，马克思因为未来职业发展问题和母亲发生龃龉，失去经济来源。这促使他全面投入《莱茵报》，并于 1842 年 10 月 15 日成为该报的编辑。

作为青年黑格尔派，马克思相信，黑格尔已经发现了全部真理，需要做的就是等待见证这种真理变成现实；国家理念是社会历史的决定力量，它将

---

① 《马克思恩格斯全集》第 40 卷，人民出版社 1982 年版，第 242 页。

② 创建于 1558 年的耶拿大学是德国古典哲学的重镇。黑格尔在此任教（1805—1807）期间创作了《精神现象学》。在柏林已经出现敌视青年黑格尔派倾向的背景下，马克思向亲黑格尔派的耶拿大学申请学位，不失为明智之举。

③ 《列宁全集》第 26 卷，人民出版社 1988 年版，第 83 页。

超越现实阻碍得到自我实现。差别在于，黑格尔拥护君主立宪制，而马克思等青年黑格尔派则已经成为共和制的激进支持者。在全面投入《莱茵报》工作之前，马克思正意气风发地筹划着批判黑格尔法哲学，"同君主立宪制作斗争，同这个彻头彻尾自相矛盾和自我毁灭的混合物作斗争"①。但在出任《莱茵报》编辑后，残酷的现实很快就将他的理想

《莱茵报》

主义政治观击得粉碎：他原本认为国家、议会或者至少是议会中的"自由主义反对派"，能够代表理性本身，推动人民的自由和民主的实现；但现实是，所有这一切都沦为私人利益的工具。最终，他不得不沉痛地放弃自己原先的立场，承认"不应该从政治上，也就是说，不应该同整个国家理性联系起来解决每一个实际任务"②。

《莱茵报》时期，马克思出于论战的需要涉猎了英法社会主义者和共产主义者的著作。尽管拒绝承认"现有形式的共产主义思想的现实性"③，但他肯定，共产主义是一个无法回避的现实问题，"是曼彻斯特、巴黎和里昂大街上引人注目的事实"④。而且，社会主义者和共产主义者具有伟大人格，认为圣西门

《莱茵报》
在科隆正式出版

---

① 《马克思恩格斯全集》第 27 卷，人民出版社 1972 年版，第 421 页。
② 《马克思恩格斯全集》第 1 卷，人民出版社 1956 年版，第 180 页。
③ 《马克思恩格斯全集》第 1 卷，人民出版社 1995 年版，第 133 页。
④ 《马克思恩格斯全集》第 1 卷，人民出版社 1995 年版，第 131 页。

主义者安凡丹和勒鲁、傅立叶主义者孔西德朗与蒲鲁东等人充满智慧闪光的著作"决不能根据肤浅的、片面的想象去批判，只有在不断的、深入的研究之后才能加以批判"①。

在马克思的领导下，《莱茵报》日益激进，社会影响也日益扩大：根据莱茵省的官方报告，其发行量从 1842 年 10 月 15 日的 823 份猛增至 1842 年 11 月 10 日的 1820 份。官方随即加强对《莱茵报》的书报检查，但收效甚微。于是，1843 年 1 月 21 日，普鲁士内阁通过了查封《莱茵报》的决定。3 月 17 日，马克思声明退出《莱茵报》编辑部，带着巨大的思想困惑与危机开始了他新的历程。在申明退出《莱茵报》之前，马克思实际上已经明确了下一阶段的前进方向：到巴黎去，和卢格②创办一个新的、更加革命化的刊物《德法年鉴》。不过，在此之前，他还需要处理一件私事，即到克罗茨纳赫与燕妮会合，并举办一场隆重的、期待了 7 年的婚礼。

1842 年 3 月 3 日，燕妮的父亲去世。7 月，在马克思的协助下，燕妮家从特里尔搬到了克罗茨纳赫。1843 年 6 月 12 日，马克思和燕妮公证结婚，6 月 19 日举办了隆重的婚礼。

马克思在克罗茨纳赫住了 6 个月（1843 年 3 月至 9 月）。期间，他着手批判黑格尔的法哲学，以解决自己在实践中所遇到"苦恼的疑问"③。在此过程中，有两个事件推动了他的思

费尔巴哈（1804—1872）

---

① 《马克思恩格斯全集》第 1 卷，人民出版社 1995 年版，第 134 页。

② 阿诺德·卢格（1802—1880），德国资产阶级激进民主主义者，19 世纪 30 年代成为青年黑格尔派，1837 年初创办了后来成为青年黑格尔派宣传中心的《德意志科学和艺术哈雷年鉴》，后改名为《德国年鉴》。1843《德国年鉴》被查封后，卢格邀马克思去巴黎共同出版《德法年鉴》。不过，因为与马克思发生思想分歧，《德法年鉴》在 1844 年 2 月出版了一、二期合刊即告停刊。

③ 《马克思恩格斯文集》第 2 卷，人民出版社 2009 年版，第 591 页。

想发展。

一是他对费尔巴哈的"再发现"。费尔巴哈却是一个具有强烈唯物主义倾向的青年黑格尔派，1839 年的《黑格尔哲学批判》一文标志着他已经完成了向唯物主义的转变。1842 年，马克思就阅读过费尔巴哈的《基督教的本质》等著作，但没有留下深刻印象。同年 4 月，费尔巴哈撰写了格言体的《关于哲学改造的临时纲要》一文，以简洁明快的方式批判了黑格尔的唯心主义，强调只需要把黑格尔哲学颠倒过来，就能获得完全的真理："新哲学家必须用人的本质那个不研究哲学的、甚至于反对哲学、对抗抽象思维的方面，即那个被黑格尔贬为注释的东西，吸收到哲学本身里面来。……哲学不应当从自身开始，而应当从它的反面从非哲学开始。"①该文因为书报检查制度直到 1843 年 2 月才公开发表。3 月，已经开始筹划批判黑格尔法哲学的马克思看到了该文，产生了极大共鸣，宣称"费尔巴哈的警句只有一点不能使我满意，这就是：他过多地强调自然而过少地强调政治。然而这一联盟是现代哲学能够借以成为真理的唯一联盟。结果大概象在十六世纪那样，除了醉心于自然的人以外，还有醉心于国家的人"②。

二是他对欧洲历史的研究。为了深入到黑格尔鄙弃的历史中去发现法哲学问题的真正解决，1843 年 7、8 月，马克思完成了五本以历史著作摘录为主的《克罗茨纳赫笔记》。他当时的主要兴趣明显地集中在欧洲国家封建社会的

马克思成为
《莱茵报》的主编

历史上，其中包括法国、英国、瑞典、波兰和威尼斯的封建政治史。显然，他是希望能够借此弄清楚政治在历史中的作用；但摘录越来越集中到所有制问题上，最终不自觉地体认到实际上围绕财产的所有制才是社会历史结构的真正基础。

1843 年 10 月，马克思偕燕妮来到巴黎，随即开始编辑《德法年鉴》。在《德法年鉴》一、二期合刊也即唯一的一期上，马克思发表了《〈黑格尔

---

① 《费尔巴哈哲学著作选集》上卷，荣震华、李金山译，商务印书馆 1984 年版，第111 页。

② 《马克思恩格斯全集》第 27 卷，人民出版社 1972 年版，第 442—443 页。

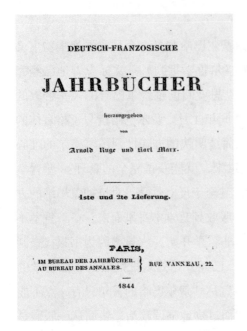

《德法年鉴》是一次失败的探索：它不仅没有法国作者的稿子，实现"德法联盟"，而且出版后在法国和德语区（普鲁士、奥地利）都没有产生积极的反响，更重要的是，唯一一期出版后，马克思和卢格的"联盟"就解体了。

法哲学批判〉导言》和《论犹太人问题》两篇文献，向世人公开了他的最新的思想转变。他的这一次思想转变是一个复合了三个理论层面的逻辑转换的统一过程：

首先，他从唯心主义转向法权唯物主义，确认了私有权对国家权力的决定作用，指出"国家制度在这里就成了私有财产的国家制度"。①

其次，他从激进的资产阶级民主主义立场转向哲学共产主义，将消除私有制作为实现社会主义、实现人的本质的全面解放的必由之路，指出："无产阶级宣告迄今为止的世界制度的解体，只不过是揭示自己本身的存在的秘密，因为它就是这个世界制度的实际解体。无产阶级要求否定私有财产，只不过是把社会已经提升为无产阶级的原则的东西，把未经无产阶级的协助就已作为社会的否定结果而体现在它身上的东西提升为社会的原则。"②

最后，作为上述两个转变的逻辑结果，在黑格尔、蒲鲁东、赫斯和青年恩格斯的影响下，马克思基本形成了这样一种观念，即政治经济学就像基督教和黑格尔的法哲学一样，都是异化的即必须加以批判和颠倒的东西，即实现了向对历史唯物主义形成具有决定性影响的政治经济学批判的趋进。

---

① 《马克思恩格斯全集》第 1 卷，人民出版社 1956 年版，第 380 页。
② 《马克思恩格斯文集》第 1 卷，人民出版社 2009 年版，第 17 页。

5. 从巴黎到布鲁塞尔：创立历史唯物主义

1844 年 5 月 1 日，马克思的大女儿燕妮出生。7、8 月间，燕妮带着女儿回特里尔探亲。于是，马克思利用这难得的安静时间，对自己搬到巴黎以来的学习与思考进行总结。他打算阐明自己对国家、法、道德、市民社会等一系列重大主题的看法，首先是对政治经济学的看法。

通常，在形成一个创作计划后，马克思会大量地阅读、研究既有著作，边摘录边思考；积累到一定程度后，他会放开手脚进行写作，而此时他的认识往往已经发生较大变化；意识到自己的思想变化后，他会通过调整、改变创作计划加以应对；然而，他的思想发展是如此的迅速、改变是如此的彻底，以致于在大多数情况下，在经过几次调整后，他会彻底放弃原先的计划。这一次也是如此。马克思最终放弃了原先的计划，留下一批未完成手稿。马克思后来没有和他人谈论过这一创作计划，所以恩格斯在整理他的遗稿时也没有意识到这是一个独立的手稿。1932 年，该手稿第一次完整公开发表，并被命名为《1844 年经济学哲学手稿》。此时，人们才突然发现马克思原来还有这样一个不为人知的思想发展阶段。

1932 年，苏联马克思恩格斯列宁研究院编辑出版的《马克思恩格斯全集》历史考证版（MEGA1）第 1 部分第 3 卷，与此同时德国社会民主党理论家朗兹胡特、迈耶尔编辑出版的《历史唯物主义。早期文选》第一次从原文全文发表了《1844 年经济学哲学手稿》。

《1844 年经济学哲学手稿》现存 70 余页手稿。在这里，马克思着力批判资产阶级政治经济学以私有制作为自己的前提，并把剥削工人的资本主义社会制度永恒化了。为了将对私有制的经济学批判提升到哲学的高度，马克思提出了异化劳动（拉丁文 alienatio；英文 alienation；德文 Entfremdung）概念。他认为，异化劳动有四个基本特征。第一，工人同自己的劳动产品相异化。工人生产的产品，作为一种异在的力量同工人相对立。第二，工人同自己的生产活动相异化。工人的劳动不属于自己，而属于别人；工人在劳动中不属于自己，而属于别人。第三，人同自己的类本质相异化。作为人的类本质的劳动是自由自觉的活动，但在私有制条件下劳动仅仅是维持个人存在的手段。第四，人同人相异化。通过提出异化劳动概念，马克思不仅论证了扬弃私有制的必要性，而且论证了无产阶级的历史作用："社会从私有财产等等解放出来、从奴役制解放出来，是通过工人解放这种政治形式来表现的，这并不是因为这里涉及的仅仅是工人的解放，而是因为工人的解放还包含普遍的人的解放；其所以如此，是因为整个的人类奴役制就包含在工人对生产的关系中，而一切奴役关系只不过是这种关系的变形和后果罢了。"[1]

《1844年经济学哲学手稿》是马克思进行独立的原创哲学探索的起点。他当时觉得自己是沿着费尔巴哈哲学的方向前进："对国民经济学的批判，以及整个实证的批判，全靠费尔巴哈的发现给它打下真正的基础"[2]。可实际上，他的"从当前的经济事实出发的"新思想恰恰是构成了对费尔巴哈的反动。他很快就将意识到这一点。

马克思的
创作过程

1844年8月28日，马克思在巴黎寓所附近的一家咖啡馆里热情接待了一位从英国来的德国青年，并与他进行了长达10天的亲密交流。这人就是恩格斯。

这并不是马克思和恩格斯的第一次相遇。1842年11月中旬，在赴英国曼彻斯特实习经商的途中，恩格斯专门前往科隆《莱茵报》编辑部拜访马克思。当时马克思因为不了解恩格斯而"冷淡地"会见了他。在英国，恩格斯亲身经验了当时最发达的资本主义社会，研究政治经济学

马克思与
恩格斯长达10
天的会面

青年恩格斯

和社会主义理论，广泛接触英国的社会主义者，政治立场和理论立场发生了巨大飞跃。1843年底，恩格斯向《德法年鉴》投稿，其中《国民经济学批判大纲》一文让马克思深

---

[1] 《马克思恩格斯全集》第3卷，人民出版社2002年版，第278页。
[2] 《马克思恩格斯全集》第3卷，人民出版社2002年版，第220页。

深感到恩格斯的思想已经走到了青年黑格尔派的最前沿，从而改变了对他的看法，开始与之通信。恩格斯此次到巴黎就是为了专门见马克思。晚年恩格斯回忆这次见面时说："当我 1844 年夏天在巴黎拜访马克思时，我们在一切理论领域中都显出意见完全一致，从此就开始了我们共同的工作。"① 一段伟大的友谊就此拉开序幕。

《神圣家族》封面

在巴黎，马克思和恩格斯商定合作写一个小册子，对反对共产主义的鲍威尔集团进行批判，其最终成果就是 1845 年 2 月在巴黎出版的《神圣家族》。在《神圣家族》中，马克思系统梳理了近代哲学特别是唯物主义的发展史，从而对自己在哲学史中的位置有了较为清晰的认识。在此过程中，马克思提出并发展了一些新的哲学概念和学说。

1845 年 1 月 25 日，也就是在《神圣家族》出版之前，法国政府应普鲁士政府的要求，将马克思等人驱逐出巴黎。2 月，马克思一家来到布鲁塞尔。作为 1830 年才独立的比利时王国的首都，当时的布鲁塞尔并不发达，但它却比欧洲大陆其他城市更愿意接纳政治流亡者。

在布鲁塞尔，马克思继续自己的政治经济学研究。3 月，他撰文批判德国经济学家弗里德里希·李斯特②1841 年出版的《政治经济学的国民体系》一书。从马克思留下的未完成手稿可以看出，马克思此时的思想已经发生巨大飞跃。这一点突出地表现在他对资本主义制度所发展起来的新生产力及其历史作用的全新认识上。他说："工业用符咒招引出来（唤起）的自然力量和社会力量对工业的关系，同无产阶级对工业的关系完全一样。

---

① 《马克思恩格斯选集》第 4 卷，人民出版社 1995 年版，第 196 页。

② 弗里德里希·李斯特（1789—1846），德国政治经济学的创始人，历史学派的先驱者。

《关于费尔巴哈的提纲》手稿

今天，这些力量仍然是资产者的奴隶，资产者无非把它们看作是实现他的自私的（肮脏的）利润欲的工具（承担者）；明天，它们将砸碎自身的锁链，表明自己是会把资产者连同只有肮脏外壳（资产者把这个外壳看成是工业的本质）的工业一起炸毁的人类发展的承担者，这时人类的核心也就赢得了足够的力量来炸毁这个外壳并以它自己的形式表现出来。明天，这些力量将炸毁资产者用以把它们同人分开并因此把它们从一种真正的社会联系变为（歪曲为）社会桎梏的那种锁链。"① 一种新哲学，即人们后来所熟悉的历史唯物主义，就要诞生了！根据恩格斯在《共产党宣言》1888

---

① 《马克思恩格斯全集》第42卷，人民出版社1979年版，第258—259页。

年英文版中的回忆，1845 年 4 月初，当他移居布鲁塞尔与马克思再次会合时，"他已经把这个思想考虑成熟，并且用几乎像我在上面所用的那样明晰的语句向我说明了"。① 不过，关于新哲学，马克思当时留下的唯一文字材料就是一个题为《关于费尔巴哈的提纲》的简短提纲。多年后，当恩格斯看到这一提纲时，他立刻指认它是"包含着新世界观的天才萌芽的第一个文件"②。

1845 年 7、8 月，马克思在恩格斯的陪同下在英国旅行了六个星期，大部分时间在曼彻斯特度过。曼彻斯特是工业革命的发祥地，是当时的世界棉纺工业之都，也是世界历史上第一座工业化城市。在这里，马克思亲身经验了什么是最发达的资本主义，也充分了解了资产阶级政治经济学的历史与最高水平，思想发生了彻底的升华。在返回布鲁塞尔的途中，马克思恩格斯在伦敦停留了几天，与当地的英国社会主义者和德国工人运动组织者进行了接触。

马克思是为了自己新的政治经济学批判创作而去英国考察的。但回到布鲁塞尔后，他的政治经济学计划又中断了，原因是他要写一部新的哲学批判论著："我认为，在发表我的正面阐述以前，先发表一部反对德国哲学和那一时期产生的德国社会主义的论战性著作，是很重要的。为了使读者能够了解我的同迄今为止的德国科学根本对立的政治经济学的观点，这是必要的。"③ 其所以如此，一是因为鲍威尔基于《神圣家族》批评马克思恩格斯是费尔巴哈式的教条主义者，二是因为另一个青年黑格尔派麦克斯·施蒂纳（1806—1856，本名约翰·卡斯帕·施密特）1844 年 11 月新出版的《唯一者及其所有物》对社会主义进行了虚无主义的抨击，在思想界产生了一定影响。也就是说，批判对象的新动作迫使马克思恩格斯去破旧立新：破旧，就是阐明自己与费尔巴哈以及整个青年黑格尔派的原则对立；立新，就是正面阐发马克思在《关于费尔巴哈的提纲》中已经勾画出来的新哲学。

马克思要写的这部哲学论著名字叫《德意志意识形态》。1845 年 9 月

---

① 《马克思恩格斯选集》第 1 卷，人民出版社 1995 年版，第 258 页。

② 《马克思恩格斯选集》第 4 卷，人民出版社 1995 年版，第 213 页。

③ 《马克思恩格斯全集》第 27 卷，人民出版社 1972 年版，第 473 页。

《德意志意识形态》手稿一页

底，他和恩格斯开始创作《德意志意识形态》，到 1846 年 4 月，计划中的小册子已经变成了一个大块头。8 月，因为察觉到该书的出版已经不可能，他们最终停止了创作。不过，新哲学，即历史唯物主义，已经得到了第一次系统的科学阐述。马克思和恩格斯直到 1847 年都在谋求出版《德意志意识形态》的可能性，始终未果，最终被束之高阁。马克思后来回忆说："既然我们已经达到了我们的主要目的——自己弄清问题，我们就情愿让原稿留给老鼠的牙齿去批判了。"①

1932 年，《德意志意识形态》第一次全文发表。它的发表深化了人们对历史唯物主义的理解。

6. 马克思主义的公开问世

在《关于费尔巴哈的提纲》第十一条，马克思写道："哲学家们只是用不同的方式解释世界，而问题在于改变世界。"② 那么，抽象的哲学怎样才能改变现实的世界？马克思的回答是：到群众中去，实现哲学与无产阶级的结合，因为"哲学把无产阶级当作自己的物质武器，同样，无产阶级也把哲学当作自己的精神武器，思想的闪电一旦彻底击中这块素朴的人民园地，德国人就会解放成为人"③。在《德意志意识形态》的写作过程中，马克思恩格斯的这种想法变得越发强烈："我们决不想把新的科学成就写成厚厚的书，只向'学术'界吐露。正相反，我们两人已经深入到政治运动中；我们已经在知识分子中间，特别在德国西部的知识分子中间获得一些人的拥护，并且同

① 《马克思恩格斯选集》第 2 卷，人民出版社 1995 年版，第 34 页。
② 《马克思恩格斯选集》第 1 卷，人民出版社 1995 年版，第 61 页。
③ 《马克思恩格斯选集》第 1 卷，人民出版社 1995 年版，第 15—16 页。

有组织的无产阶级建立了广泛联系。我们有义务科学地论证我们的观点，但是，对我们来说同样重要的是：争取欧洲无产阶级，首先是争取德国无产阶级拥护我们的信念。"①

柏林洪堡大学主楼正厅内镌刻的马克思《关于费尔巴哈的提纲》第十一条："哲学家们只是用不同的方式解释世界，而问题在于改变世界。"

马克思争取无产阶级的努力注定不会是一帆风顺的。首先，除了已经完成工业革命的英国，欧洲其他地区的工人阶级正在形成过程之中，尚未达到政治自觉与政治成熟的程度。其次，少数已经觉醒的工人阶级自发形成或接受了某些社会主义观念，并没有迫切感觉到需要接受马克思学说的指导。最后，马克思的学说显著超越了当时工人阶级的认识水平，以至于后者敏感地觉得它有一种"精神上的傲慢"。因此，马克思争取无产阶级的过程，在事实上就不得不成为与各种既有社会主义思潮进行斗争、竞争的过程。

---

① 《马克思恩格斯选集》第4卷，人民出版社1995年版，第197页。

威廉·克里斯蒂安·魏特林
（1808—1871）

魏特林早
期革命活动

1846年2月，马克思和恩格斯等在布鲁塞尔的德国流亡者中创立了共产主义通讯委员会。这是后来所有国际共产主义组织的雏形。经过努力，伦敦、巴黎等地先后成立了通讯委员会。委员会的规模不大，但思想分歧却很严重。而马克思对理论的纯洁性有着异乎常人的追求，所以，他一次又一次主动发起论战，捍卫自己学说在委员会中的领导地位，即便得罪了许多人也在所不惜。

魏特林是德国共产主义运动的先驱。他积极投身革命实践，在工人阶级中享有盛誉。他在吸收同时代法国社会主义、共产主义思想的基础上，提出用暴力革命推动私有制、实现社会主义的新主张，将共产主义推向了一个新高度。1842年出版的《和谐与自由的保证》代表着魏特林思想发展的顶峰，集中体现了他的社会政治观点和关于未来社会的设想方案。马克思曾高度评价该书，称它是德国工人"史无前例、光辉灿烂的处女作"，"只要把无产阶级巨大的童鞋拿来和德国资产阶级的矮小的政治烂鞋比较一下，我们就能够预言德国的灰姑娘将来必然长成一个大力士"①。1846年春，魏特林来到布鲁塞尔。马克思热情欢迎魏特林的到来，积极争取他接受自己的共产主义观念。不过，魏特林坚持认为无产阶级革命高潮即将到来，无产阶级仅凭激情无需理论的指导就能赢得革命的胜利。马克思与之进行了激烈的争论，最终宣布"无知从来也不能帮助任何人"，从而与之决裂。

克利盖（1820—1850）是共产主义通讯委员会在美国的一个成员。他在美国大力宣传马克思和恩格斯在《德意志意识形态》中已经坚决批判过的"真正的社会主义"，被误认为是德国共产主义的代表。1846年5月，马

---

① 《马克思恩格斯全集》第1卷，人民出版社1956年版，第483页。

克思和恩格斯发动对克利盖的批判，宣告他宣传的倾向不仅"不是共产主义的"，而且"大大地损害了共产主义政党在欧洲以及在美洲的声誉"。① 这一批判遭到许多人的反对，但马克思和恩格斯并没有改变自己的立场。

在当时的欧洲社会主义、共产主义阵营中，影响最大的当属法国社会主义者蒲鲁东。

1840 年，蒲鲁东出版《什么是所有权，或对权利和政治的原理的研究》，以经济学的方法论证了"所有权就是盗窃"这个观点，在社会各界引发强烈反响。蒲鲁东对 1843 年处于思想转变过程中的马克思有着重要影响，即便是后来两人交恶，马克思也说，该书是"他最好的著作"，"蒲鲁东在他那部著作中对圣西门和傅立叶的关系，大致就像费尔巴哈对黑格尔的关系一样。和黑格尔比起来，费尔巴哈是极其贫乏的。但是，他在黑格尔以后起了划时代的作用"②。

"真正的社会主义"代表人物莫泽斯·赫斯（1812—1875）。"真正的社会主义"是马克思和恩格斯同时代的一些左派知识分子用德国的哲学观念（特别是黑格尔和费尔巴哈的观念）来论证、解释社会主义和共产主义的产物。它把社会主义和共产主义的必然性建立在思维或情感的基础上。在马克思恩格斯看来，"真正的社会主义"是英国和法国的现实的社会主义运动在德国得到的思辨表达。

1844 年冬，马克思在巴黎与蒲鲁东建立了直接的交往，并帮助后者了解德国哲学，因为后者正在创作《贫困的哲学》，力图使自己的思想具有德国哲学的高度。1846 年 5 月，马克思致信蒲鲁东，向他详细介绍了委员会的目的，热情邀请他加盟："我们这种通讯活动的主要目的，是要让德国的社会主义者同法国和英国的社会主义者建立联系，使外国人经常了解德国

---

①　《马克思恩格斯全集》第 4 卷，人民出版社 1958 年版，第 3 页。

②　《马克思恩格斯全集》第 21 卷，人民出版社 2003 年版，第 55 页。

蒲鲁东（1809—1865）

不断发展的社会主义运动，并且向德国国内的德国人报道法国和英国社会主义运动的进展情况，通过这种方式，可以发现意见分歧，从而得以交流思想，进行无私的批评。"① 但蒲鲁东因为坚持自己的无政府主义立场而最终拒绝加入。1846年冬，马克思看到蒲鲁东的新著《贫困的哲学》，随即决定进行批判，其成果就是1847年7月出版的《哲学的贫困》。客观地讲，《哲学的贫困》当时并没有动摇蒲鲁东在社会主义运动中的地位，但对传播马克思的思想特别是历史唯物主义却是起到了积极的作用。

对于马克思的批判，蒲鲁东没有进行公开的答辩，只是曾写过这样一个批注："实际上，马克思悔恨我的观点处处与他相一致，而我却先于他提出来了……马克思实则是忌妒"。在一百多年后的今天，面对蒲鲁东的这一批注，人们恐怕只有莞尔一笑了。

在《哲学的贫困》中，马克思不仅批判了蒲鲁东的哲学，也批判了他的"政治经济学的形而上学"，从而确立一种新的政治经济学研究范式。这一范式在《关于自由贸易的演说》（1848）和《雇佣劳动和资本》（1849）中得到了坚持和发展，最终在马克思五六十年代的研究中结出了硕果。

马克思争取无产阶级的努力最终在伦敦的德国共产主义者中得到积极的回应。1836年，德国共产主义者在巴黎成立了"正义者同盟"。1839年"四季社"起义失败后，② 大批同盟成员逃亡到伦敦。伦敦发达的资本主义经济、成熟的资产阶级民主政治体制、强健的工人运动传统氛围极大地促进

---

① 《马克思恩格斯全集》第27卷，人民出版社1972年版，第464页。
② "四季社"是法国革命者布朗基（1805—1881）1837年创立的一个平等密谋派组织。1839年5月12日，"四季社"在巴黎发动武装起义，以失败告终。

了"正义者同盟"规模的扩大和政治自觉性的提高。马克思在1846年初就向伦敦的共产主义者们发出了建立联系的邀请。但是，一开始，同盟成员并不认同马克思的共产主义。只是同盟在反思清算自己原有的共产主义观念特别是魏特林的观念的过程中，才逐渐意识到坚实的理论基础的重要性，从而渐渐向马克思靠拢。1846年11月，同盟的中央委员会从巴黎搬迁到伦敦。1847年1月20日，同盟派人前往布鲁塞尔，邀请马克思加入同盟。6月，同盟召开第一次代表大会，部分接受了马克思的主张，将同盟改名为共产主义者同盟，并将口号"四海之内皆兄弟"改为"全世界无产者，联合起来"。

从正义者同盟到共产主义者同盟的转变

8月，马克思将布鲁塞尔通讯委员会正式改组成为共产主义者同盟的一个支部，自任主席。11月27日，马克思启程前往伦敦参加同盟第二次代表大会，经过十多天的激烈民主辩论，同盟最终接受马克思的主张，把"推翻资产阶级政权，建立无产阶级统治，消灭旧的以阶级统治为基础的资产阶级社会和建立没有阶级、没有私有制的社会"①作为自己的目的，并委托马克思恩格斯"起草一个准备公布的详细的理论和实践的党纲"，②这个党纲就是1848年2月公开出版的《共产党宣言》。马克思主义由此第一次公开出现在世人面前。

7. 马克思的伦敦岁月

1849年8月26日，马克思在两位革命友人的陪同下抵达伦敦。

这是马克思第三次到伦敦。

1845年7、8月间，马克思在恩格斯的陪同下第一次到英国进行考察旅行，期间在伦敦短暂停留，会晤了正义者同盟的几个领导人。返回欧洲大陆后，他和恩格斯合写了《德意志意识形态》，对历史唯物主义进行了第一次科学表述。

1847年11、12月间，马克思和恩格斯前往伦敦参加共产主义者同盟第

---

① 《马克思恩格斯全集》第4卷，人民出版社1958年版，第572页。

② 《马克思恩格斯选集》第1卷，人民出版社1995年版，第248页。

《新莱茵报》全称《新莱茵报·民主派机关报》，是马克思恩格斯创办的、面向大众的德文政治性日报。该报1848年5月31日创刊，6月1日正式出版，其鼎盛时期订户达到非常惊人的6000份！

1849年5月19日，《新莱茵报》用红色油墨印刷了终刊号。在告别辞中，马克思恩格斯写道："《新莱茵报》的编辑们在向你们告别的时候，对你们给予他们的同情表示感谢。无论何时何地，他们的最后一句话始终将是：工人阶级的解放！"

二次代表大会，会议接受了他们的建党纲领，并委托他们"起草一个准备公布的详细的理论和实践的党纲"，①这个党纲就是后来的《共产党宣言》。

1848年1月，人们期待已久的革命终于在意大利西西里岛率先爆发，继而以法国巴黎为中心向整个欧洲扩散。在革命的烈火延烧到普鲁士后，1848年4月初，马克思及其家人、同志迅速回到普鲁士，以科隆为基地，以《新莱茵报》为主要平台，开展革命活动，努力通过推动资产阶级革命，扩大共产主义在德国的影响。1848年11月，普鲁士的反革命高潮降临，但马克思始终坚持斗争。他先是被送上法庭受审，接着是被迫终结《新莱茵报》，之后流亡巴黎。即便如此，1849年7月19日，马克思及其家人还是被普鲁士政府通过外交途径"在24小时之内"被驱逐出巴黎。8月23日，因为瑞士政府不给护照，马克思决定"必须去伦敦"，并且建议当时身处瑞士的恩格斯为了安全也

"必须立即前往伦敦"。②8月26日，马克思抵达伦敦。9月17日，他的家人到达伦敦。11月10日前后，恩格斯也终于辗转到达伦敦。

1849年时的伦敦拥有250万人口，是世界上最大的城市，也是世界上

---

① 《马克思恩格斯选集》第1卷，人民出版社1995年版，第248页。
② 《马克思恩格斯全集》第27卷，人民出版社1972年版，第160页。

最现代化的城市。这种现代化的最重要力量源于工业革命的产物：铁路。英国历史学家勃里格斯评论说："铁路给城市面貌和社会生活所带来的变化，比其他任何革新发挥的作用要大，虽然它的作用错综复杂，而且是有争议的。"[①] 投资、就业、大规模城市改造、民主化的旅行方式、鲜明的贫富分化、物美价廉的商品、定时准点观念以及更快的生活节奏和必不可免的事故……这一切都让伦敦如此与众不同。更重要的是，伦敦愿意接纳世界各地的流亡者和革命者，并给予他们更大的自由。

19 世纪中叶的伦敦

马克思流亡伦敦是为了等待下一次革命高潮的降临，以便重返德国。然而，连他自己都没有料到的是，他的后半生会主要在伦敦度过。

马克思在伦敦的生活大体分为两个阶段。1849 年至 1856 年是第一阶段。在这一阶段，马克思及其家人的生活总的说来非常窘迫艰难。由于缺乏稳定而充足的经济来源，他们经常处于等米下锅的状态，等着恩格斯等友人的接济以维持生

19 世纪中期伦敦风貌

———————

① ［英］勃里格斯：《马克思在伦敦》，中国人民大学出版社 1986 年版，第 13 页。

活。他们曾多次到朋友家躲债，最艰难时甚至靠典当燕妮的嫁妆度日。囊中羞涩迫使他们频繁搬家，7 年间搬了 6 次，仅第一年就搬了 5 次！虽然他们住过的地方地处市中心，不是贫民窟，但也绝对谈不上体面。更让他们悲恸的是，在此期间，他和燕妮的孩子夭折了三个，年龄最小的还不到 1 岁！

马克思这一阶段生活窘迫的原因是多方面的。第一，马克思缺乏有稳定收入的工作，唯一有收入的工作是 1851—1862 年间为《纽约每日论坛报》撰稿。第二，马克思在革命事业和资助其他革命者方面花费了不少积蓄。第三，马克思及燕妮在此期间从家庭或亲属得到了一些经济资助，但总量不是特别大。第四，虽然从 1850 年 11 月以后，重返曼彻斯特家族公司当职员的恩格斯开始连续不断地资助马克思，但恩格斯当时的经济状况还不是非常宽裕。第五，必须指出的，马克思和燕妮都不善于理财，无法开源节流，从而直接导致他们的绝对收入并不算低，但过得比拥有差不多收入的其他中间偏下阶层家庭要艰难得多。

不管生活怎样窘迫，马克思都没有放弃革命理想。不过，1850 年夏季，他关于革命前景的乐观主义判断彻底改变。是年 6 月，他取得大英博物馆的阅览证，[①] 花了三个月研究《经济学人》杂志的过刊，最终得出结论：1848年从英国开始的经济繁荣为欧洲的反动派提供了物质基础，"新的革命只有在新的危机之后才有可能。但是新的革命的来临象新的危机的来临一样是不可避免的。"[②] 此后，他开始将精力更多地转移到政治经济学研究中来，大英博物馆阅览室成为他新的"战场"。不管是 1856 年前居住在市中心，还是此后居住在市郊，马克思都是大英博物馆阅览室的忠实读者。"他一生中对英国政治经济学史所作的了解，并要超过这个学科的大多数教授"。[③]

1856 年，燕妮从叔父和母亲那里继承了两笔遗产。于是，马克思一家

---

① 1759 年 1 月 15 日起正式对公众开放的大英博物馆是世界上历史最悠久、规模最宏伟的综合性博物馆，也是世界上规模最大、最著名的博物馆之一。1973 年，大英博物馆的图书馆成为大英图书馆的一部分，1997 年，它的书籍从大英博物馆搬到了大英图书馆的新馆。马克思 1849—1856 年间的几个居住地离大英博物馆都不远。

② 《马克思恩格斯全集》第 7 卷，人民出版社 1961 年版，第 514 页。

③ ［英］勃里格斯：《马克思在伦敦》，中国人民大学出版社 1986 年版，第 51 页。

用这些钱将家搬到了伦敦西北郊区一个因兴修铁路而新开发的肯提斯镇。新住所的居住条件大有改善，且就在风景秀丽的汉普森泰特荒原附近，马克思很喜欢在那里散步。1864 年和 1875 年，马克思又搬了两次家，但都还相距不远。总的说来，在 1856 年至 1883 年这个阶段，由于得到多笔遗产馈赠，加之从 1869 年起恩格斯每年给予马克思 350 英镑的津贴，马克思家的生活日趋稳定。马克思也成为邻居眼中令人尊敬的绅士。

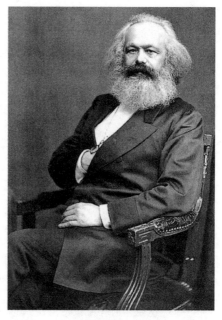

1875 年的马克思

1856 年 9 月 26 日，马克思致信恩格斯："我不认为，一场大的金融危机的爆发会迟于 1857 年冬天。"① 1857 年 11 月，资本主义历史上第一次具有世界性特征的经济危机爆发。这让马克思非常振奋，并促使他下决心将自己的政治经济学思想尽快总结整理出来。在此后的四分之一世纪里，他一直致力于此，创作了数量庞大的政治经济学手稿，不过，在其生前，只有《政治经济学批判（第一分册）》（1859 年）、《资本论（政治经济学批判)》第一卷（1867 年）等为数不多的成果得以出版。

1864 年，在马克思的大力推动下，国际工人联合会（即第一国际）在伦敦成立。尽管是第一届"以及以后各届总委员会的灵魂"②，但马克思并没有在第一国际中担任主要领导职务。这主要和他的流亡革命者的身份有关。事实上，1874 年，英国政府正是因此拒绝了马克思加入英国国籍的申请。

长期超负荷工作严重损害了马克思的健康。在他生命中的最后十年，其健康每况愈下，不得不削减工作，时常疗养。1881 年 12 月 2 日，燕妮去

① 《马克思恩格斯全集》第 29 卷，人民出版社 1972 年版，第 72—73 页。
② 《马克思恩格斯全集》第 19 卷，人民出版社 2006 年版，第 120 页。

1882 年的马克思

世。因为身体虚弱，马克思连葬礼都未能参加。1883 年 1 月 11 日，马克思最钟爱的大女儿燕妮在巴黎去世，这给马克思以巨大打击。1883 年 3 月 14 日下午，在人们以为马克思即将大病痊愈的时候，马克思在自己的寓所"安详地、毫无痛苦地与世长辞了"①。

1883 年 3 月 17 日，马克思被安葬在汉普森泰特荒原上的海格特公墓。1954 年，马克思墓被移到公墓里一个较显著的位置，两年后又设立了一座马克思的纪念头像，在雕像底座上刻着"全世界无产者，联合起来！"

位于海格特公墓的马克思墓

① 《马克思恩格斯全集》第 35 卷，人民出版社 1971 年版，第 459 页。

8.《资本论》的创作

在 1868 年 3 月的一篇书评中，恩格斯宣称："自地球上有资本家和工人以来，没有一本书像我们面前这本书那样，对工人具有如此重要的意义。"[①]他所说的书就是马克思 1867 年出版的《资本论》第一卷。

说到《资本论》，就必须从 1850 年 6 月谈起。那时候，马克思获得了大英博物馆的阅览证，利用该馆的丰富馆藏，重新开始因为 1848 年革命而中断的政治经济学研究。此时的马克思不仅已经创立历史唯物主义，而且已经基于历史唯物主义确立了政治经济学研究的科学方法论基础，并且较为充分地吸收了英国古典政治经济学的理论成就，开始改造劳动价值论，探索剩余价值的秘密。也就是说，马克思当时正站在自己思想发展的全新起点上。

在拿到大英博物馆阅览证的前三个月，马克思系统研究了《经济学人》杂志的全部过刊，最终得出结论：1848 年革命的物质基础是 1847 年开始的经济危机，随着此轮危机的结束，革命的高潮已经过去，只有等待下一次危机的来临，新的革命才是可能的。那么，在新的危机来临之前，革命者应当如何作为？马克思的选择是继续研究政治经济学，为未来的革命准备理论武器。

1850 年 9 月至 1853 年 8 月，马克思进行了一次内容广泛的政治经济学研究，留下了 24 本笔记本，总计 1250 页的摘录和批注。这批文献史称《伦敦笔记》。《伦敦笔记》充分展现了马克思此时政治经济学研究的广度和深度。除了货币理论和地租理论外，马克思当时在危机理论方面也取得了进展。他批驳了当时流行的危机理论，认为普遍的生产过剩不仅是可能的，而且其根源就在于资产阶级的生产制度本身！勤奋的工作极大地促进了马克思思想的发展和成熟。他很快就决定出版一本新书，表明自己对经济学的新看法。1851 年 4 月，他甚至告诉恩格斯自己的新计划很快就能完成："我已经干了不少，再有大约五个星期我就可以把这整个的经济学的玩意儿干完。搞完这个以后，我将在家里研究经济学，而在博物馆里搞别的科学。这开始使我感

[①] 《马克思恩格斯全集》第 16 卷，人民出版社 1964 年版，第 263 页。

《纽约每日论坛报》是一家美国左翼报纸，1841年至1924年出版。马克思从1851年8月开始为该报撰稿，一直持续到1862年3月。马克思为《纽约每日论坛报》撰写的第一组文稿是由恩格斯代笔的，因为他当时的英文水平不如恩格斯熟练。随着英文水平的不断提高，从1853年3月开始，马克思亲自为《纽约每日论坛报》撰稿，当然，恩格斯还是间或为马克思代笔。截止1862年3月，《纽约每日论坛报》总计发表了马克思恩格斯的465篇（组）通讯。

到厌烦了。"①不过，他的计划被各种因素一再延宕。1853年3月开始，马克思开始亲自为《纽约每日论坛报》撰稿，工作量明显增加，于是，他再次搁置了自己的创作计划。

撰写经济学论著的计划虽然搁置了，但马克思始终密切关注着资本主义经济的发展。1856年9月26日，他告诉恩格斯："我不认为，一场大的金融危机的爆

反映1857年经济危机的漫画

---

① 《马克思恩格斯全集》第27卷，人民出版社1972年版，第246页。

发会迟于 1857 年冬天。"①资本主义经济随后的发展表明，马克思的预言完全正确：1857 年 11 月，资本主义历史上第一次具有世界性特征的经济危机爆发。这让马克思非常振奋，促使他下决心将自己的政治经济学思想尽快总结整理出来。正是在这个历史语境中，他真正拉开了《资本论》的创作序幕。

《资本论》的创作是一个非常复杂的过程。我们大体可以将它简要还原如下：

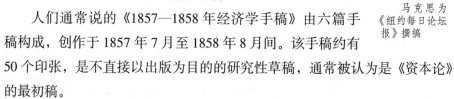

马克思为《纽约每日论坛报》撰搞

（一）《1857—1858 年经济学手稿》

人们通常说的《1857—1858 年经济学手稿》由六篇手稿构成，创作于 1857 年 7 月至 1858 年 8 月间。该手稿约有 50 个印张，是不直接以出版为目的的研究性草稿，通常被认为是《资本论》的最初稿。

《1857—1858 年经济学手稿》的构成：

《巴师夏和凯里》

《导言》

《政治经济学批判（1857—1858 年手稿)》

《金称量机》

《七个笔记本的索引（第一部分)》

《〈政治经济学批判〉第一分册第二章初稿片段和第三章的开头部分》

（二）《政治经济学批判（第一分册)》和《1859—1861年经济学手稿》

《政治经济学批判（第一分册)》于 1859 年 1 月脱稿、同年 6 月出版。它是马克思在

马克思《资本论》手稿

---

① 《马克思恩格斯全集》第 29 卷，人民出版社 1972 年版，第 72—73 页。

《1857—1858 年经济学手稿》的基础上创作而成，是马克思政治经济学思想的第一次公开面世。《1859—1861 年经济学手稿》是马克思为创作《政治经济学批判（第二分册）》准备的，由三篇手稿组成。马克思当时疾病缠身且有其他事务要处理，所以该手稿的篇幅很小，仅有两三个印张。

《1859—1861 年经济学手稿》的构成：

《资本章计划草案》

《引文笔记索引》

《我的笔记本的提要》

(三)《1861—1863 年经济学手稿》

该手稿创作于 1861 年 8 月至 1863 年 7 月，有 23 个笔记本，1472 页，约 200 个印张。马克思原本是根据《1859—1861 年经济学手稿》的计划创作，目的是为了完成《政治经济学批判（第二分册）》，但在创作过程中内容不断发展扩大，最终演化为我们现在看到的这个庞大手稿。该手稿中篇幅最大的是马克思对剩余价值理论的历史批判（约 110 个印张），1905 年至 1910 年，考茨基曾以《剩余价值学说史》为题，分三册整理出版了这一部分手稿。正是在创作该手稿的过程中，马克思决定出版《资本论》："第二部分终于已经脱稿……它是第一次

德文版《资本论》第一卷和《剩余价值学说史》

的续篇，将以《资本论》为标题单独出版，而《政治经济学批判》这个名称只作为副标题。"[1]

(四)《1863—1867 年经济学手稿》和《资本论》第一卷

---

[1] 《马克思恩格斯全集》第 30 卷，人民出版社 1974 年版，第 636 页。

在《1861—1863 年经济学手稿》之后，马克思即开始创作以直接出版为目的的《1863—1867 年经济学手稿》，并在此基础上出版了《资本论》第一卷（1867）。

（五）《1867—1881 年经济学手稿》

这是马克思在《资本论》第一卷出版后，为第二、三卷的出版准备的手稿。1885 年和 1894 年，恩格斯根据这一手稿分别整理出版了《资本论》的第二卷和第三卷。

1867 年 9 月的第三个星期，《资本论》第一卷出版了，第一次印刷 1000 册。出版商用了四年的时间才把这 1000 册卖完。不管对于当代读者，还是当时的读者，《资本论》第一卷，特别是开头几章，都是艰涩难懂的。其中的原因大致有三。首先是研究对象的抽象性。按照马克思的设计，《资本论》第一卷分析资本的生产过程，即存在于所有资本主义形态中的资本主义生产关系的本质；第二卷分析资本的流通过程，即资本主义生产关系的具体实现形式；第三卷分析资本主义生产总过程，即现实中的资本主义生产关系。也就是说，读者最先看到的《资本论》第一卷探讨的恰恰是最抽象因而也是最难懂的本质学说。其次是表达方式的思辨性。为了更好地表达自己的思想，马克思运用了黑格尔的辩证法。列宁曾花费了很长时间才弄清楚这一点，并作过一段非常精辟到位的评论："虽说马克思没有遗留下'逻辑'（大写字母的），但他遗留下《资本论》的逻辑，应当充分利用这种逻辑来解决这一问题。在《资本论》中，唯物主义的逻辑、辩证法和认识论〔不必要的三个词：它们是同一个东西〕都应用于一门科学，这种唯物主义从黑格尔那里吸取了全部有价值的东西并发展了这些有价值的东西。"[1]这显然是一般的《资本论》读者想象不到，更难以应付的。最后是经济学术语系统的时代性。作为 19 世纪的产物，《资本论》的术语系统具有鲜明的时代性，随着经济学从古典向现代的转型，有很多术语今天也不再使用，这更加增添了当代读者的阅读困难。

尽管艰涩难懂，但《资本论》第一卷的表达形式确实堪称完美。在这里，

---

① 列宁：《哲学笔记》，人民出版社 1993 年版，第 290 页。

马克思首先分析作为资本主义生产过程的一般前提（商品生产、商品交换和货币流通）和特殊前提（一定数量的货币积累和劳动力成为商品），然后分析资本主义直接生产过程中剩余价值的生产（绝对剩余价值的生产和相对剩余价值的生产），最后从再生产过程的角度来分析剩余价值的资本化即资本本身的生产（资本的积累过程），并对资本主义生产方式的历史地位作出了判决。

随着对《资本论》的理解不断走向深入，人们最终提出了一个问题：《资本论》及其手稿，或者说马克思创立历史唯物主义以后的整个政治经济学研究，难道仅仅是经济学吗？人们现在的答案是否定的："在1847年以后，才真正出现了马克思哲学研究的另一个最重要的成果，这就是以资本主义现实社会关系为参照系，针对人类历史真实发展、人类主体本质的科学确证和现实社会批判的哲学理论创造。这不是什么经济学建构中存在的哲学片段，而是一个完整的哲学建构过程。哲学始终是马克思理论生涯的内在主线之一。否则，我们将严重地遮蔽马克思经济学语境中的重大哲学话语转换。"① 就此而言，《资本论》的创作史也就是历史唯物主义的发展史。在这一过程中，历史唯物主义在两个层面上得到了发展。第一个层次的发展是它从假说变成了科学："自从《资本论》问世以来，唯物主义历史观已经不是假设，而是科学地证明了的原理。"② 第二个层次的发展是它自身在理论上和方法上都得到极大的丰富和发展。简单地说，就是它发展出了一套适用于现代资本主义社会的结构分析和历史分析的研究方法和叙述方法，并建立了一个完整的资本主义社会结构和社会发展理论体系。

9. 马克思的晚年思考

从手稿的准备情况看，《资本论》第一卷的出版其实可以更早些的。它的出版之所以会延迟，主要是因为马克思将大量精力投入到了第一国际的组

---

① 张一兵：《回到马克思：经济学语境中的哲学话语》，江苏人民出版社1999年版，第26页。

② 《列宁选集》第1卷，人民出版社1995年版，第10页。

织领导中。1872 年 9 月,鉴于巴黎公社失败后欧洲的严峻政治环境,马克思和恩格斯建议将第一国际的领导机构——总委员会——的驻地从伦敦迁到纽约,因为"在纽约我们的文件是会安全的,在那里我们有一个强大的新的组织,在那里我们的党比在任何其他地方都更具有真正的国际性质"①。在摆脱总委员会的大量事务性工作后,马克思按理说可以全力投入《资本论》第二卷、第三卷的创作了,可实际情况是,不那么健康的生活方式、长期的超负荷工作、各种疾病的加剧,他的身体垮掉了。所以,在生命中的最后十年里,马克思不得不放弃高强度的工作方式,搁置包括《资本论》创作在内的各种研究计划,经常参加疗养。即便是这样,马克思的大脑也没有停止思考,始终密切关注着与社会主义运动发展有关的政治动向和学术动向。

1848 年革命后,欧洲进入资本主义大发展大繁荣的"资本的年代"。工人阶级运动也由此逐渐从低潮中恢复并日益蓬勃地发展起来。1863 年 5 月,在拉萨尔领导下,德国国内的工人阶级成立了自己的第一个政治组织全德工人联合会。1869 年 8 月,接受马克思主义的德国工人阶级成立了一个新的组织——德国社会民主工人党。在共同开展斗争的过程中,这两个工人阶级组织产生了联合的需要,后于 1875 年 5 月合并成立德国社会主义工人党。在看到该党的党纲草案后,马克思立即意识到,这是一个"极其糟糕的、会使党精神堕落的纲领",②因为党的领袖为了合并作出了太多的无原则的妥协。为了挽救党的领导人,马克思抱病写了《德国工人党纲领批注》,史称《哥达纲领批判》。在《哥达纲领批判》中,马克思系统批驳了纲领到拉萨尔主义的思想残余,同时基于自己对巴黎公社的反思,第一次提出了从资本主义到共产主义过渡的观点:"在资本主义社会和共产主义社会之间,有一个从前者变为后者的革命转变时期。同这个时期相适应的也有一个政治上的过渡时期,这个时期的国家只能是无产阶级的革命专政。"③

1885 年《资本论》第二卷序言中,恩格斯告诉读者,1870 年以后,马

---

① 《马克思恩格斯全集》第 18 卷,人民出版社 1964 年版,第 731 页。

② 《马克思恩格斯选集》第 3 卷,人民出版社 1995 年版,第 296 页。

③ 《马克思恩格斯选集》第 3 卷,人民出版社 1995 年版,第 314 页。

斐迪南·拉萨尔（1825—1864），法理学家、德国工人阶级运动的早期著名领袖。拉萨尔和马克思有很多的共同之处：都是犹太人，都毕业于柏林大学，都受到黑格尔哲学深刻影响，都是哲学博士。他参与过1848年革命，并与马克思恩格斯建立了良好的联系，后退出工人阶级运动，蛰居柏林从事学术研究。1862年，拉萨尔同重新活跃起来的德国工人运动发生联系，其思想得到德国国内工人阶级的支持。

克思利用生病的间隙坚持研究："农学，美国的特别是俄国的土地关系，货币市场和银行业，最后，还有自然科学，如地质学和生理学，特别是独立的数学研究，成了这个时期的许多札记本的内容。"[1]实际上，马克思在去世前的最后几年特别倾心于微积分研究，甚至把相关研究成果的出版看作与《资本论》第二卷的出版同样重要的事情！那么，马克思为什么会研究自然科学呢？最重要的原因就在于政治经济学研究的需要。自然科学特别是技术史、农业化学有助于更好地理解资本主义生产方式的发展；而研究微积分不仅有助于他找到表达资本主义经济发展的辩证过程的更好方法，同时也是他放松精神的一种方式："在工作之余——当然不能老是写作——我就搞搞微分学。我没有耐心再去读别的东西。任何其他读物总是把我赶回写字台来。"[2]

正像《共产党宣言》描述的那样，随着资本主义的世界性扩张发展，资产阶级"使未开化和半开化的国家从属于文明的国家，使农民的民族从属于资产阶级的民族，使东方从属于西方"[3]。于是，一些欧洲人原本不知其存在的原始文明形态逐渐暴露在资产阶级殖民者的眼前，从而促进了人类学在19

---

① 《马克思恩格斯全集》第24卷，人民出版社1972年版，第7—8页。
② 《马克思恩格斯全集》第31卷，人民出版社1972年版，第124页。
③ 《马克思恩格斯选集》第1卷，人民出版社1995年版，第276—277页。

世纪后期的大发展。人类学的这种繁荣发展当然引起了马克思的关注，70年代末80年代初，他认真研究了当时的一批人类学著作，留下一部现在统称为《人类学笔记》的手稿。如果认为马克思研究人类学是为了满足自己对于人类学由来已久的兴趣，或者是想对文明起源文献发表什么专业的学术见解，那肯定是不对的。他之所以对这个问题感兴趣，首先还是服务于自己的政治经济学研究，因为当时他正在进行《资本论》第三卷的整理，关注的重点之一就是土地所有制的历史演化。其次与欧洲工人阶级的现实斗争有关，因为他领导下的第一国际曾通过"土地国有化"的决议，而这一主张本身需要理论支持。最后则是为了回应俄国革命者的内部争论、探索东方社会发展道路，因为当时俄国革命已经蓬勃发展起来，而俄国革命者内容却对革命的前景与道路产生了尖锐分歧。总之，马克思是为了解决现实的社会主义革命问题而关注历史。这一点完全适用于他同时期完成的四册《历史学笔记》。

《人类学笔记》篇目：

路易斯·亨·摩尔根《古代社会》一书摘要

亨利·萨姆纳·梅恩《古代法制史讲演录》（1875年伦敦版）一书摘要

约·拉伯克《文明的起源和人的原始状态》（1870年伦敦版）一书摘要

马·柯瓦列夫斯基《公社土地占有制，其解体的原因、进程和结果》（第一册，1879年莫斯科版）一书摘要

根据这一时期的人类学研究和历史学研究，马克思调整了自己对于俄国革命前景的看法。作为一个相对落后的欧洲国家，俄国保存了大量的农村公社。在进行人类学历史学研究之前，马克思并不看好这种公社制度，不认为它能抵御资本主义的扩张，支撑一场革命："如果俄国继续走它在1861年所开始走的道路，那它将会失去当时历史所能提供给一个民族的最好的机会，而遭受资本主义制度所带来的一切极端不幸的灾难。"[1] 但在此之后，他的观点发生了转变，不再否定俄国走一条不同于西欧的社会发展道路的可能性："另一方面，和控制着世界市场的西方生产同时存在，就使俄国可以不通过资本主义制度的卡夫丁峡谷，而把资本主义制度所创造的

---

[1] 《马克思恩格斯全集》第19卷，人民出版社1963年版，第129页。

一切积极的成果用到公社中来。"① 但是，他始终强调这是一种需要条件的可能性、而非无条件的必然性："我深信：这种农村公社是俄国社会新生的支点；可是要使它能发挥这种作用，首先必须排除从各方面向它袭来的破坏性影响，然后保证它具备自然发展所必需的正常条件。"② 那么，超越卡夫丁峡谷需要什么条件呢？在内部，公社不产生向资本主义发展的需要，在外部，公社必须得到西欧无产阶级革命的支援。就此而言，历史在 20 世纪的发展证明恩格斯后来说的是正确的，即以俄国为代表的前现代社会能够超越卡夫丁峡谷，关键其实还在于资本主义的发展及其所必然导致的无产阶级革命："西欧无产阶级对资产阶级的胜利以及与之俱来的以社会管理的生产代替资本主义生产，这就是俄国公社上升到同样的阶段所必需的先决条件。"③

公元前 321 年第二次萨姆尼特战争时期，萨姆尼特人在古罗马卡夫丁城（今蒙泰萨尔基奥）附近的卡夫丁峡谷包围并击败了罗马军队。按照意大利交战双方的惯例，罗马军队必须在长矛交叉构成的"轭形门"下通过。这被认为是对战败军的最大羞辱。"通过卡夫丁峡谷"一语由此而来，意即遭受奇耻大辱。

---

① 《马克思恩格斯选集》第 3 卷，人民出版社 1995 年版，第 765 页。
② 《马克思恩格斯选集》第 3 卷，人民出版社 1995 年版，第 775 页。
③ 《马克思恩格斯选集》第 4 卷，人民出版社 1995 年版，第 441 页。

10. 马克思恩格斯关系的再认识

　　1975年，美国新左派学者诺曼·莱文[①]出版了一本题目非常耸动的著作《可悲的骗局：马克思反对恩格斯》，力图彻底颠覆人们对于马克思恩格斯关系的传统认识。在此后40年间，他始终坚持自己的观点，从多个角度反复阐发，在国际学术界独树一帜。今天，像莱文这样的极端对立论者已经很少了，但确实还有不少人依旧在用对立论的眼光来看待马克思恩格斯关系。

　　那么，我们应当怎样认识马克思恩格斯关系问题上的这种对立论思维呢？

极端的马克思恩格斯关系对立论者诺曼·莱文

　　首先，这种对立论思维源远流长，在客观上曾推动了马克思恩格斯研究的不断发展。将马克思恩格斯对立起来的倾向其实在马克思恩格斯生前就有了。在马克思逝世后不久写的一封信中，恩格斯说："1844年以来，关于凶恶的恩格斯诱骗善良的马克思的小品文，多得不胜枚举，它们与另一类关于阿利曼—马克思把奥尔穆兹德—恩格斯诱离正路的小品文交替出现。"[②]此后，相关论调就不断出现，并在20世纪60年代前后达到高潮。持对立论思维的学者既有非马克思主义者，也有马克思主义者。他们的观点引起了争论，在客观上使我们对马克思恩格斯关系的认识不断走向深入。

　　其次，这种对立论思维反对非批判的马克思恩格斯一体论思维，具有自身的学术合理性。1849年流亡英国以后，马克思恩格斯就在空间上和欧洲、美国的社会主义运动及思想界隔绝开来了。这导致他们主要通过文字与外界发生联系，而外界也主要通过文字来了解他们。时间长了，人们就不自觉地

---

　　① 诺曼·莱文，美国著名"马克思学"学者。他原本是一个不问政治的历史学家，后在反对越南战争的过程中成为一名新左派并转向"西方马克思主义"。1975年，他出版了《可悲的骗局：马克思反对恩格斯》一书，系统阐发了自己的马克思主义和恩格斯主义对立论，在国际学界引起强烈反响。他的这一观点在后来的《辩证法内部对话》(1984)、《不同的道路：马克思主义和恩格斯主义中的黑格尔》(2006)、《马克思与黑格尔的对话》(2012)等著作中得到多角度的深化。

　　② 《马克思恩格斯全集》第36卷，人民出版社1974年版，第14页。

形成一种印象，觉得他们是一体的。马克思在 1856 年就已经察觉到这种倾向："最奇怪的是，这个家伙把我们两人看成是单数：'马克思和恩格斯说'等等。"① 在国际共产主义运动日益发展壮大的过程中，这种一体化思维不断发展强化，以至于恩格斯逝后，在很多国际共产主义者的眼中，恩格斯就是马克思的第二个自我，也就是，他们已经从具有伟大友谊的两个主体，变成了一个伟大友谊的两个部分，即他们作为独立主体的个性、客观差别变得不存在了。无论这种一体化思维中包含的情感是多么真挚，但它的非批判性都是必须批判的。就此而言，这种对立论思维有其不容否定的学术合理性。

最后，斯大林主义兴起之后，这种对立论思维日益和对苏联社会主义的批判相结合。在第二国际时期，这种对立性思维主要指向具体的学术问题，不具有过多的现实指向性。而在十月革命胜利后，特别是斯大林主义兴起之后，当人们开始把恩格斯的思想指认为苏联社会主义、苏联马克思主义的直接源头时，马克思恩格斯对立论就具有了鲜明的现实政治意味：人们拍的是口袋（恩格斯），要打的却是驴（前苏联社会主义）！

历史地看，20 世纪 80 年代以后，特别是 90 年代初苏联解体以后，人们日益摆脱对立论思维的束缚，以更加理性的方式来重新认识马克思恩格斯关系，并在某种程度上实现了认识的回归，从而有越来越多的人肯定：马克思恩格斯分享共同的理论基础，不过同时在很多方面也存在必须承认的差异。

位于德国柏林的马克思恩格斯塑像

---

① 《马克思恩格斯全集》第 29 卷，人民出版社 1972 年版，第 65 页。

那么，我们应当如何认识马克思恩格斯这种既存在统一又存在差异的关系呢？

我们必须看到，首先，马克思恩格斯是两个有差异的思想主体。

马克思与恩格斯的对比

	马克思	恩格斯
家庭出身	中产阶级	实业家
	政治自由主义传	宗教虔敬主义
	开明的家庭教育	传统的家庭教育
教育背景	系统的精英教育	开放的自学
	《精神现象学》、《法哲学原理》	《自然哲学》
早期经历	学院化生存	高度社会化（炮兵、经商）
	以德国为中心	从德国到英国
关注焦点	社会历史观	社会历史观、自然观、认识论
思想特点	思辨深邃	感知力强
	逻辑缜密	表达流畅
	转变艰难	易接受新生事物
	"炮车"	"轻骑兵"

马克思恩格斯的家庭出身、教育背景、早期人生经历都不尽相同，这很自然地使他们形成了不同的关注焦点和思想特点。作为两个独立的思想主体，他们对同样的问题作出差异性的反应，不仅是可以理解的，而且是不可避免的。例如，19世纪70年代，他们都对自然科学表现出了浓厚的兴趣。相比之下，马克思较为关注技术史、农业化学、微积分等与《资本论》创作密切相关的那些学科领域；而恩格斯则出于更纯粹的兴趣，对物理学、化学等学科领域的最近进展都有所涉猎，并力图发现或者抽象出其中的哲学。

其次，他们的思想发展不同步，但马克思并不始终是"第一小提琴手"。马克思逝世后，恩格斯曾有一段广为流传的评论："我一生所做的是我注定要做的事，就是拉第二小提琴，而且我想我还做得不错。我高兴我有像马克思这样出色的第一小提琴手。"① 如果就人物的总体评价而言，这个评论没有问题。可如果就思想史研究而言，这个评论就不总是能够成立了，就1843—1848 年间马克思主义的创立和公开化过程而言，因为对最发达的资本主义和最强盛的无产阶级运动都有直接的经验，所以，更多的时候是恩格斯走在最前面，发挥思想引领的作用。

再次，他们的伟大友谊是建立在共同的理论基础上的。我们知道，流亡英国后，马克思家的生活长期依靠恩格斯的资助。有人就此认为，马克思恩格斯关系是以这种经济赡养为基础的，或者说，马克思迫于经济压力而忍受了恩格斯对其思想的误解或篡改。这是一种非常无聊的观点：第一，马克思对理论的纯洁性有着异化常人的要求，迄今没有任何证据表明他曾容忍过理论上的不一致更不用说歪曲了；第二，如果愿意放弃理论立场和政治立场，1848 年革命失败后，马克思完全可以像拉萨尔等人那样，通过向普鲁士政府"悔过"过上安逸的生活；第三，19 世纪 60 年代，俾斯麦政府曾几次试图收买马克思，"利用我和我的大才为德国人民谋福利"②，结果遭到马克思的无情嘲弄。

又次，他们存在不同的理论分工。1870 年，恩格斯终于摆脱商业活动，迁居伦敦，重新开始自己喜爱的理论研究。为了让马克思能够全力以赴地投入《资本论》创作，恩格斯更多地承担了指导国际无产阶级运动的工作。他在此之后完成的几乎全部理论著作都是为无产阶级读者创作的，这使得他在理论表达上不得不适应大众化的需要，从而不可避免地与马克思更科学、更学术化的表达出现了差异。这种差异尤疑只是技术性的。

最后，晚年恩格斯生活的时代已经发生了重大历史变迁。在这种条件下，他对自己和马克思过去的某些结论、某些策略进行调整，不仅是必要的，更是合理的。在这个方面，19 世纪 80 年代以后，他和马克思都开始思考英国和平长入社会主义的可能性，就是一个很有代表性的例子。由此而形成的历史性差异恰恰体现了与时俱进、实事求是的要求。

---

① 《马克思恩格斯全集》第 36 卷，人民出版社 1974 年版，第 219 页。
② 《马克思恩格斯全集》第 31 卷，人民出版社 1972 年版，第 294 页。

第二章

《1844 年经济学哲学手稿》

——一个未完成的传奇

1.“青年马克思”：一段思想史上的公案

在人类历史上，马克思是一个引发了广泛争论的大思想家。一百七十年来，人们或是信仰、或是怀疑、或是批判、或是坚持马克思的理论观点，直到今天仍争论不休。有趣的是，在马克思卷帙浩繁的著作中，有这样一部作品，或者更确切地说，是一份手稿，引发了马克思思想阐释史上最为激烈的

　　马克思《1844 年经济学哲学手稿》原稿复制件，摄于南京大学马克思主义经典文献档案展列馆，手稿原稿现保存于荷兰国际社会史研究所（IISH, Amsterdam）。

51

辩论。只不过，这部著作在马克思生前却从未公开问世。甚至连马克思最亲密的战友，恩格斯都没有公开提起。然而，在它沉睡了将近 90 年之后，在它重新被人们"发现"之后，却引发了一场思想史上的地震。这部作品就是《1844 年经济学哲学手稿》，这场地震就是有关"青年马克思"问题的大论战。

悉尼·胡克的《卡尔·马克思的第二次降世》一文

1966 年，美国第一位马克思主义教授、实用主义哲学家悉尼·胡克（Sydney Hook），曾经在《纽约时报书评》上撰文写到，"未来的历史学家将会被 20 世纪后半期出现的奇异景象，即卡尔·马克思的第二次降世，弄得困惑不解。他的第二次降世不是《资本论》的作者那样，是身穿风尘仆仆的常礼服的经济学家，也不像是革命的长裤汉，《共产党宣言》中很有鼓动劲的作者。他穿上了哲学家和道德预言家的衣服，带来其作用超乎阶级、政党或宗派的狭隘圈子的关于人类自由的喜讯"。

悉尼·胡克和他的《卡尔·马克思的第二次降世》一文，载于《纽约时报》书评 1966 年 5 月 22 日。

悉尼·胡克为美国实用主义哲学家，曾被称为美国第一位"红色教授"的悉尼·胡克，著有《理解马克思》、《从黑格尔到马克思》、《历史中的英雄》等。

在胡克的这段话中，我们可以看到：在西方大众眼中，马克思的形象同人们对他作品的理解直接相关。作为《资本论》的作者，马克思是一位严谨精深的经济学家，整日同数据打交道。作为《共产党宣言》的作者之一，马克思是一位充满激情的革命者，是无产阶级的革命导师。而作为《1844 年经济学哲学手稿》的作者，马克思竟然换了一副面孔示人，变成了一位温文尔雅、超越了阶级和政党的局限，谈论人类道德和未来福祉的哲学家。对于曾经经历了第二次世界大战的磨难，并且身处东西方"冷战"，面对消费资本主义发展的西方普通民众来说，这样一位马克思显然具有无比的吸引力。这是因为：

第一，在第二次世界大战结束以后，出于意识形态的分歧，以美国为首的北约阵营和以苏联为首的华约阵营开始了长达40年之久的对抗。在"冷战"中对抗的双方，一方以自由主义和社会民主主义为导向，另一方则以马克思主义为导向。需要注意的是，在传统的苏联东欧马克思主义研究中，恰恰是《资本论》和《共产党宣言》构成了马克思主义理论阐释的主要出发点。这两部著作集中论述了资产阶级和无产阶级之间的阶级斗争、资本家对工人剩余价值的无偿占有、共产党的历史任务和革命策略、作为未来人类社会发展目标的共产主义等主题。出于对苏联意识形态，尤其是斯大林主义的忧虑，一个新发现的、超越阶级、党派，来讨论哲学和道德问题的马克思，自然容易受到普遍的欢迎。

马克思著作	《1844年经济学哲学手稿》	《共产党宣言》	《资本论》
创作（出版）时间/时年马克思岁数	1844年/26岁	1848年/30岁	1867年/49岁
主要内容	用异化劳动说明私有财产的起源和本质，批判国民经济学和黑格尔辩证法	论述资产阶级生产方式的历史地位和共产主义的必然性	制订剩余价值理论，科学揭示资本主义剥削的本质和秘密
马克思形象	着礼服（燕尾服）的哲学家	无套裤汉形象的革命者	着西装的经济学家
马克思性格	温文尔雅、道德预言家	激情、暴力的革命者	严谨、精深的学者
意识形态诉求	非马克思主义	马克思主义	马克思主义
"老年马克思"或"青年马克思"	"青年马克思"	"老年马克思"	"老年马克思"

第二，在 20 世纪 50 年代以来欧美资本主义发展的"黄金时代"中，尽管社会经济获得了稳定高速的发展，阶级对抗也似乎"消失"了，但新的社会问题也正在形成，并成为日益困扰普通大众的难题。其中，伴随"福利国家制度"或者说"消费社会"的发展，日常生活中的"物化"或"异化"成为人们的直接感受。西方马克思主义的鼻祖卢卡奇、现象学大师海德格尔、存在主义理论家萨特、批判理论的旗手阿多诺、精神分析学家马尔库塞等人都从不同角度出发，对于这一现象展开了批判性的探索。在这样一个思想氛围中，以异化劳动为主题的《1844 年经济学哲学手稿》受到普遍的关注，也就不足为奇了。

> 卢卡奇，匈牙利哲学家，"西方马克思主义"鼻祖，在代表作《历史与阶级意识》中提出"物化"理论批判资本主义。
>
> 海德格尔，德国哲学家，现象学大师，在代表作《存在与时间》中认同卢卡奇的批判，并通过"此在"的分析来揭示一种人类存在的本真状态。
>
> 萨特，法国哲学家，存在主义者，在代表作《存在与虚无》、《辩证理性批判》中批判了资本主义生活的"异化"状态。
>
> 阿多诺，德国哲学家，"法兰克福学派"（批判理论）代表人物，在代表作《否定的辩证法》中批判了资本主义物化现实的"同一性"理论表现。
>
> 马尔库塞，德国哲学家，"法兰克福学派"（批判理论）代表人物，在代表作《爱欲与文明》、《单向度的人》中批判了资本主义物化现实所造成的人的"单向度"存在。

正如这部手稿的命名所提示的那样，《1844 年经济学哲学手稿》是马克思在1844年写下的一部作品。这一年马克思只有26岁。因此关注这部手稿，尤其是它的异化批判主题的理论家，便用"青年马克思"来界定其中存在的人本主义逻辑，并同《资本论》中，或者说苏联马克思主义研究中存在的，关注阶级斗争和社会革命的"老年马克思"，或者说"成熟马克思"区别开

反对

"青年马克思"反对"老年马克思"？

来。相应的，围绕《1844 年经济学哲学手稿》的思想阐释和理论定位，就形成了所谓的"青年马克思"或"两个马克思"的争论。这也就是胡克笔下所说的"马克思的第二次降世"的真实含义。

现在，我们回过头来再看这场争论。是否存在一个不同于"老年马克思"的"青年马克思"，已经是一个被解决了的问题。一方面，东西方的马克思主义研究者基于马克思青年时代的思想发展，对于《1844 年经济学哲学手稿》的文本构成、逻辑演进和思想定位都给出了科学的分析和判断。认为这部手稿不过是马克思早期思想发展过程中，尤其是在通向历史唯物主义的探索道路上，所留下的一部未完成的、不成熟的作品而已。相应的，异化劳动理论和人本主义逻辑都在马克思后来的研究中被放弃了。另一方面，尽管某些西方"马克思学"学者，也在一定程度上承认"青年马克思"反对"老年马克思"是一个无法成立的命题，但是他们仍然坚持：作为《资本论》作者的马克思，在思想观点上，同作为《1844 年经济学哲学手稿》作者的马克思，是一致的。反倒是恩格斯，包括列宁，在总结、宣传马克思思想的过程中，背离了"异化批判"和"人本主义"的主题。

由此可见，《1844 年经济学哲学手稿》的问世所引发的争论，在 20 世纪后半期构成了东西方学术界理解马克思的一个问题焦点，即便是在今天，这一争论仍然以不同的形式影响着我们对于马克思文本和思想的研究。同时，这场争论也像一宗谜案一样，不断激发着我们今天重新阅读《1844年经济学哲学手稿》，深入理解"青年马克思"的思想探索之路。

2.《1844年经济学哲学手稿》的产生、发现和流传

1843年10月份，马克思一家迁居巴黎。到了"这个古老的哲学大学和新世界的新首府"之后，马克思不仅同各个流派的思想家展开了广泛的

《1844年经济学哲学手稿》的三个笔记本

交流，而且还直接深入工厂，参加工人的革命活动。也正是在这一过程中，在马克思面前敞开了一个全新的理论视域——政治经济学。受恩格斯、蒲鲁东和赫斯的直接影响，马克思从1843年底开始，第一次系统地研究经济学著作，作为研究成果的是《巴黎笔记》以及三个相对独立的笔记本，这三个相对独立的笔记本就是我们所说的《1844年经济学哲学手稿》。在每一个笔记本中，马克思自己都对页码进行了编号，这也为我们理解《1844年经济学哲学手稿》的写作过程留下了重要线索。

19世纪40年代的巴黎

第一个笔记本的写作十分特殊，从纸张的角度来看，第一笔记本的27页都以竖线分开，分栏写作。但是在最初的部分，页面被马克思用两道竖线分为三栏，这三栏被马克思分别标上了"工资"、"资本的利润"和"地租"这三个标题。有趣的是，从第22（XXII）页开始，尽管仍然保留了分栏，但马克思讨论的内容却是统一的，这一部分也被后来的编辑者冠以"异化劳动和私有财产"的标题。也正是在这一部分中马克思提出并集中阐述了他对"异化劳动"的理解。

非常可惜的是，第二个笔记本的大部分内容已经丢失了，保存下来的只

有马克思标记为 40（XL）到 43（XLIII）四页纸。根据后来编者的看法，这一部分被加上了一个标题"私有财产的关系"。

第三笔记本是《1844 年经济学哲学手稿》中篇幅最大的一个笔记本，共有 41 页。但按照马克思自己的编号，应该有 43 页，只是他太粗心，或是出于什么原因漏编了 23 和 25 这两个页码。看来大哲学家有的时候也会发生笔误的。第三笔记本是以对第二笔记本的两处补充作为开头的，一处被后来的研究者命名为"私有财产和劳动"，另一处则被命名为"私有财产和共产主义"。按照马克思自己的标记，他对"共产主义"的讨

第一笔记本第 I 页，三栏自左至右分别为"工资"、"资本利润"、"地租"。

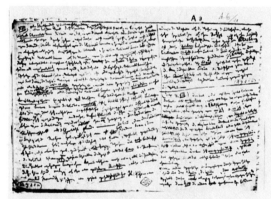

第三笔记本第 XVII 页，论述黑格尔和经济学的部分混杂在同一张纸上。

论共包括七个要点，分别批评了当时流行的一些共产主义观念。第六个要点，也就是被研究者命名为"对黑格尔辩证法和整个哲学的批判"的长篇论述的第一部分。然而，正是在讨论黑格尔的过程中，马克思的文本本身发生了混乱。马克思讨论黑格尔辩证法和哲学的内容与讨论需要和分工的经济学内容在这里发生了交叉和混杂。而马克思自己还在第三笔记本的这一部分中夹杂了自己对黑格尔《精神现象学》摘要的四页纸张，这四页纸并没有任何编号，也无法确定确切的写作时间。第三笔记本的最后则是"序言"和编者命名为"货币"的部分，也是修改未定的内容。

以《1844 年经济学哲学手稿》（人民出版社 2000 年版）目录和页码为参照，马克思写作手稿的顺序结构为（直接文本情况，可参见马克思《1844 年经济学哲学手稿》（附有按照手稿写作顺序编排的文本），人民出版社 2014 年版）：

1844 年经济学哲学手稿（按照手稿写作顺序编排的文本）

笔记本 I（分三栏写作）

    [I]：工资（第 7—14 页）、资本的利润（第 21—25 页）、地租（第 35—39 页）

    [II]：资本的利润（第 26—30 页）、地租（第 39—41 页）

    [III]：工资（第 14—20 页）、资本的利润（第 30—34 页）

    [IV]：地租（第 42—49 页）

    [V]：［异化劳动和私有财产］（第 50—64 页）

笔记本 II

    ［私有财产的关系］（第 65—73 页）

笔记本 III

    [I]：［私有财产和劳动］（第 73—77 页）

    [II]：［私有财产和共产主义］（第 78 页）

    [III]：［私有财产和共产主义］、［对黑格尔辩证法和整个哲学的批判］（第 78—99 页）、［私有财产和需要］（第 120—126 页）

    [IV]：［对黑格尔辩证法和整个哲学的批判］（第 99—101 页）

    [V]：［增补］（第 127—132 页）

    [VI]：［对黑格尔辩证法和整个哲学的批判］（第 101—119 页）

    [VII]：［增补］、［分工］（第 132—139 页）

    [VIII]序言：（第 3—6 页）

    [IX]：［货币］（第 140—146 页）

根据《马克思恩格斯全集》历史考证版新版（即 MEGA2）编者的考证，《1844 年经济学哲学手稿》主要完成于 1844 年 5 月底到 8 月间。然而，这部著作在"完成"之后就再也没有被马克思提起过。即便是在 1859 年，马克思回顾自己的早年探索历程时，曾提到了那部著名的"交给老鼠牙齿去批判"的《德意志意识形态》手稿，但也只字未

晚年恩格斯

艾琳娜·马克思

提《1844 年经济学哲学手稿》。直到马克思去世近半个世纪以后，这部手稿都才世人所知晓。

马克思逝世后，他的藏书和遗稿交由恩格斯和小女儿爱琳娜保管。恩格斯和爱琳娜相继离世后，马克思包括恩格斯的全部遗稿辗转交由德国社会民主党档案馆保存。20 世纪 30 年代，由于希特勒的上台，德国社会民主党面临重重压力和

马克思恩格斯遗稿流传路线图

危机。马克思恩格斯的遗稿和档案又一次经历波折，被分别转移到了荷兰阿姆斯特丹国际社会历史研究所和苏联马克思恩格斯列宁研究院（现保存在俄罗斯国家历史档案馆）。今天，《1844 年经济学哲学手稿》的原始稿本静静地躺在荷兰阿姆斯特丹国际社会历史研究所的档案馆里。然而，正如我们之前提到的那样，自 1932 年《1844 年经济学哲学手稿》公开问世以来，就不断发生着围绕这部手稿以及"青年马克思"的争论。这一争论本身又是同手稿的版本之争有着紧密的关联。

梁赞诺夫：苏俄（联）著名的马克思主义文献学家，MEGA1 和《马克思恩格斯文库》的早期负责人，曾担任莫斯科马克思恩格斯研究院院长。

阿多拉茨基：梁赞诺夫的继任者，负责继续编辑出版 MEGA1。

郎兹胡特：德国社会民主党理论家，与迈耶尔合作编辑《历史唯物

马克思恩格斯原始手稿保存于荷兰国际社会历史研究所

主义。早期文选》。

迈耶尔：德国社会民主党理论家、记者。

严格地说，《1844 年经济学哲学手稿》最初的公开问世要早于 1932 年。1927 年，由苏联马克思恩格斯研究院所编辑出版的《马克思恩格斯文库》第 3 卷里，出版了一份名为"《神圣家族》的预备材料"的文献，编者为著名的马克思主义文献学专家梁赞诺夫。

但是这一份文献并不是《1844 年经济学哲学手稿》的完整部分。直到 1932 年，才在德国和苏联同时出现了两个版本的《1844 年经济学哲学手稿》。

一份是在由德国社会民主党人郎兹胡特和迈耶尔所编辑的《历史唯物主义·早期文选》之中，以《国民经济学和哲学》为题收入的手稿片段。另一份则是在由苏联马克思恩格斯研究院主编的《马克思恩格斯全集》历史考证版（即MEGA1）第 3 卷里，以"1844 年经济学—哲学手稿"为题发表的手稿三个笔记本的全貌。这一版本的编者是梁赞诺

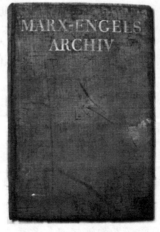

《马克思恩格斯文库》书影和《历史唯物主义·早期文选》书影，摄于南京大学图书馆。

夫的继任者，阿多拉茨基。严格来说，《历史唯物主义。早期文选》的尝试直接再现马克思的写作过程，且它的出版要略早于 MEGA1，但是在版本的编辑上，对比起后者来说，可能前者存在的问题要多得多。仔细阅读郎兹胡特和迈耶尔的版本，我们可以发现其中并未收入《1844 年经济学哲学手稿》的第一笔记本，而第二笔记本和第三笔记本的编辑，尽管根据二人的判断遵从了马克思原稿的顺序，但其中颇多错讹与偏差。

无论如何，新问世的《1844 年经济学哲学手稿》为"青年马克思"问题的形成和蔓延提供了直接的文本依据。但也令人颇为意外的一个事实是：尽管西方学者是"青年马克思"问题的主要谈论者，但是他们主要使用的文本却并不是在柏林出版的郎兹胡特和迈耶尔版，反倒是在莫斯科出版的阿多拉茨基版。这一版本编辑从外观来看最接近于一部完成了的著作，并且按照苏联马克思主义的理解，呈现政治经济学、社会主义和哲学三个门类并列的样貌。尽管这一编辑方式曾被西方学者所诟病，认为它扭曲了马克思的本意，但无论如何，这一版本构成了日后东西方学者接受《1844 年经济学哲学手稿》的主要依据，直到 1982 年 MEGA2 中手稿新版本的问世。

以《1844 年经济学哲学手稿》(人民出版社 2000 年版)目录为参照，郎兹胡特和迈耶尔版《1844 年经济学哲学手稿》的结构为：

序言

　　［笔记本 III］

　　［对笔记本 II 第 XXXVI 页的补充］

　　［私有财产和劳动］

　　［对笔记本 II 第 XXXIX 页的补充］

　　［私有财产和共产主义］

　　［对黑格尔的辩证法和整个哲学的批判］第一部分（至 99 页"因为它的现实存在是抽象。……"）

　　［私有财产和需要］

　　［对黑格尔的辩证法和整个哲学的批判］第二部分（从 99 页"黑格尔有双重错误"至 101 页"纯思想的辩证法是结果"）

［增补］第一部分（至 132 页"因而双方相持不下。——"）

［对黑格尔的辩证法和整个哲学的批判］第二部分（从 101 页"（见第 XVIII 页）"至该部分结尾）

［增补］第二部分（从 132 页"其次，地租作为地租"至该部分结束）

［片断］

［分工］

［货币］

［笔记本 II］

乔治·威廉·弗里德里希·黑格尔《精神现象学》摘要《绝对知识》章（以下简称"黑格尔《精神现象学》摘要"）

从 1932 年到 1982 年间，《1844 年经济学哲学手稿》在世界范围内得到了广泛的传播和翻译，先后形成了多个具有重要影响的版本。这一时期，在苏联东欧的马克思主义研究界，经常被引用的德文版本除了 MEGA1 版外，还有就是《马克思恩格斯短篇经济学著作集》中收入的同一版本，该著作集是由德意志民主共和国狄茨出版社出版的。这家出版社也就是后来出版 MEGA2 的出版社之一。在俄语版本中，引用较多的是 1956 年由莫斯科马克思主义列宁主义研究院出版的《马克思恩格斯早期著作选》中收入的版本。这也是《马克思恩格斯全集》俄文第二版中收入的版本。熟悉马克

四个不同版本的《1844 年经济学哲学手稿》，从左至右分别为何思敬译单行本、《马克思恩格斯全集》第一版第 42 卷本、第二版第 3 卷本、2014 年单行本。

思恩格斯著作集编辑出版历史的学者，都会知道，这一全集本身构成了德文版《马克思恩格斯著作集》（MEW）、中文版《马克思恩格斯全集》第一版、日文版《马克思恩格斯全集》和英文版《马克思恩格斯全集》（MECW）早期阶段的文本基础。因此，这些全集中收入的《1844 年经济学哲学手稿》也都采取了同样的编辑方案。

1982 年，在 MEGA^2 中《1844 年经济学哲学手稿》重新以不同于 MEGA^1 的编辑方案加以出版。这次是在同一著作中，以"写作顺序"版和"逻辑顺序"版两种形式同时出版。后者也就是我们中国学者今天所能阅读到的最新出版的《1844 年经济学哲学手稿》的形态。回顾中文版本的《1844 年经济学哲学手稿》，我们可以找到四个不同的版本。它们分别是：1956 年由何思敬先生翻译的版本、1979 年翻译后收入《马克思恩格斯全集》中文第一版第 42 卷的版本、2002 年翻译并收入《马克思恩格斯全集》中文第二版第 3 卷的版本、2014 年出版的《1844 年经济学哲学手稿》（单行本）中作为附录收入的按照写作顺序编排的版本。

3. 围绕"私有财产"的争论

围绕《1844 年经济学哲学手稿》，尽管出现了以"青年马克思"问题为焦点的理论争论，并且与理论阐释相关，还出现过多个不同的版本形式。但对于这部手稿的核心议题，还是存在普遍共识的。在《1844 年经济学哲学手稿》中，马克思创造性地提出了一种理论，这种理论就是"异化劳动"理论。而提出"异化劳动"概念的目标，就是要解释"私有财产"问题。因为"国民经济学从私有财产的事实出发"，但是"它没有给我们说明这个事实"。那么，什么是私有财产？为什么私有财产引发了马克思如此的愤怒和仇视呢？

谈到"私有财产"，大家往往会首先想到一句话，"私有财产神圣不可侵犯"。如果这一观点成立的话，那么马克思为什么要用"异化"这样一个难听的术语来修饰这样一种神圣的东西呢？这个问题的另一个说法就是，马克思在私有财产中发现了什么？

为了回答这个问题，我们首先要回到历史中去，看看"私有财产"到

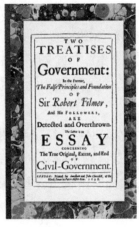

洛克及其《政府论》

底是怎么出现的。对于"私有财产"怎样出现这个问题，很多人的第一反应是，这个问题本身就是有问题的。因为，"私有财产"毫无疑问是一种自然而然的状态，我通过自己的辛苦劳动所得到的东西，当然归我所有了。这有什么疑问呢？这样的看法显然具有一定的合理性，因为，英国著名的哲学家约翰·洛克也说过这句话。在《政府论》下篇第一章中，洛克提出，任何人"只要他使任何东西脱离自然所提供的和那个东西所处的状态，他就已经掺进他的劳动，在这上面掺加他自己所有的某些东西，因而使它成为他的财产。……从而排斥了其他人的共同权利。……事情就是如此"①。

很多人可能会觉得，这句话很像是马克思的话。但是用马克思自己的话说，洛克却是一位不折不扣"同封建社会相对立的资产阶级社会的法权观念的经典表达者"②。这是为什么呢？话是要从"私有财产"的出现谈起。

曾经专门探讨财产问题的哲学家（从左到右）：格劳秀斯、普芬道夫、霍布斯、卢梭。

---

① ［英］洛克：《政府论》下篇，商务印书馆 1964 年版，第 18 页。

② 《马克思恩格斯全集》第 26 卷第 1 册，人民出版社 1972 年版，第 393 页。

尽管"财产"的观念古已有之，但"私有财产"的真正出现却是一个晚近的事实。是在西方世界从传统"共同体"向现代"市民社会"转型的过程中，而逐渐确立下来的。洛克的观点，已经是在"市民社会"获得了较为充分的发展之后才被提出来的。在此之前，对于"财产"何以为"私人"占有并不受侵犯的问题，已经经过了基督教神学内部、自然法理论家的若干探讨。只是到了洛克这里，"私有财产"才真正成为一种"自然状态"，因为这种排他性的占有权利源于人自身的"劳动"。

这是什么样的一种"劳动"呢？仅仅是一种自然状态下的随意的活动吗？显然不是的。亚当·斯密已经给出了答案。这是一种以"分工"为前提的劳动。换句话说，"私有财产"的确立本身，在现实层面上是以分工和交换活动的发展为前提的。这也就是一个从以农业生产为主的社会向以商业活动和工业生产为主的社会转型的历史过程。

18、19 世纪欧洲的手工工场

因此，"私有财产"的出现和观念的形成，本身是人类历史发展客观进步的一个表现。不仅是人类改变自然的能力提升的结果，而且也带来了社

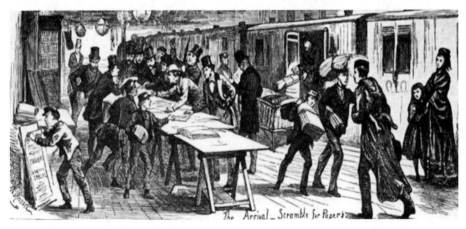

工人的日常生活

会结构的深刻变化。正是在"私有财产"的基础上，人的独立、自由、平等等观念才真正找到了现实的土壤。传统的以人身依附关系为基础的社会形态逐渐瓦解，现代意义上的"市民社会"，又称为"资产阶级社会"逐渐形成。

这是人类历史发展的最佳状态吗？显然不是。从现实的角度来看，且不说西方现代社会的转型同西方国家的殖民扩张就撇不清干系，单就"市民社会"内部来看，就产生出新的分化和不平等。中世纪封建主和农奴的对立被"新时代"资产阶级和无产阶级的对立所取代。无产阶级是真正"一无所有"的阶级，他们只能将自己的身体作为最后的财产交换出去。虽然社会财富获得了巨大发展，但"普遍贫困"却成为一个新的现实。

"私有财产"引起的"普遍贫困"现象

面对这个"最好的世界，也是最坏的世界"，卢梭就曾经尖锐地指出，私有财产是人类不平等的起源和基础。19世纪30年代，英法空想社会主义者圣西门、傅立叶、欧文等人更是从不同角度出发，指认了"私有财产"这一现代社会弊病的根源。圣西门曾明确指出，"人们应当把自己的社会尽量组织得有益于最大多数人，以最迅速和最圆满地改善人数最多阶级的精神和物质生活，作为自己的一切劳动和活动的目的"[①]。傅立叶则认为资本主义"文明制度机构在一切方面都是巧妙地掠夺穷人而发财致富的艺术"[②]。欧文也指出，私有财产无论"过去和现在都是人们所犯的无数罪行和所遭受的无数灾祸的根源"[③]。而以英国宪章运动、法国里昂纺织工人起义和德国西里西亚纺织工人起义为代表，风起云涌的工人运动更是在现实中提出了"反对私有制社会"的目标。

这就是马克思运用"异化劳动"理论来批判"私有财产"的理论和现实原因。

---

① 《圣西门选集》第 3 卷，董果良等译，商务印书馆 1986 年版，第 163 页。
② 《傅立叶选集》第 2 卷，赵俊欣等译，商务印书馆 1981 年版，第 103 页。
③ 《欧文选集》第 2 卷，柯象峰等译，商务印书馆 1981 年版，第 11 页。

4."德意志意识形态"的思想混战

《1844 年经济学哲学手稿》的主题是"异化劳动"理论。马克思用这样一个范畴来解释"私有财产",进而说明现代"市民社会"的内在矛盾,资产阶级和无产阶级之间的对抗。那么,"异化劳动"这个概念是从哪里得来的呢?或者说,"青年马克思"的人本主义异化批判思路是怎样形成的呢?我们不妨先从术语的分析出发,寻求问题的解答。

米开朗基罗:《原罪和逐出伊甸园》

从字面的意思看,"异化"这个术语显然是一个哲学范畴。讲的是一个应然的本质在现实中丧失自身,并寻求重新回归的故事。打个不恰当的比方,亚当和夏娃因为触怒上帝,被逐出伊甸园,他们的后代在世间遭受磨难,重回天堂就是一个"异化"的故事。在德国古典哲学中,这种"异化"的逻辑非常普遍。德国古典哲学的集大成者、唯心主义辩证法大师黑格尔认为,整个现实世界的运转就是一个"绝对精神"自我异化并回归自身的过程。青年黑格尔派的主要成员、人本主义哲学家费尔巴哈延续了这一异化的思路,但是他认为异化的主体不是"绝对精神",而应该是具有类本质的人。道理很简单,在费尔巴哈看来,黑格尔所说的"绝对精神"只是一个抽象的想象的产

马克思特里尔故居

物，是一个颠倒着的东西，而感性的"人"才是真实的存在。在这一点上，《1844年经济学哲学手稿》中的马克思，显然是一个费尔巴哈主义者。他自己也说，"费尔巴哈是唯一对黑格尔辩证法采取严肃的、批判的态度的人；只有他在这个领域内作出了真正的发现，总之，他真正克服了旧哲学"①。

那么，为什么会用"异化"这样一个哲学的术语，来说明"劳动"这样一个经济学的概念呢？这恰恰是"青年马克思"思想探索的一个理论总结，是马克思从事艰苦的学术研究和直接的革命实践活动，所结出的具有时代意义的成果。

马克思的
思想转变历程

我们知道，马克思出生在德国，少年时期受到了良好的文学和哲学熏陶。中学毕业进入大学后，最先修读的是法学专业，后转攻哲学。在他大学期间，发生了一次重要的思想转变，就是接受了黑格尔哲学的影响，准备到"现实中去发现理性"，或者更准确地说，是将"哲学和现实结合起来"的理想。

然而，在马克思毕业后为期不长的职业生涯中，一个新的问题对他产生了困扰。这个问题就是"对于物质利益发表意见的难事"。简单说来，马克思发现在现实中理性的作用往往不如物质利益的作用更为直接，甚至是更为根本。为了解决这个现实中苦恼的疑问，马克思在1843年上半年专门研读了黑格尔的《法哲学原理》和法国复辟时代历史学家的历史研究著作。他发现："不是国家决定市民社会，而是市民社会决定国家"；正是财产的形式决定了国家的形式，现代市民社会的基础是私有财产；私有财产的运动产生了"市民社会"内部的分裂；只有"无产阶级"能够承担起人类解放的使命。

---

① ［德］马克思：《1844年经济学哲学手稿》，人民出版社2014年版，第92页。

1843 年 10 月，马克思被迫离开故乡，迁居到巴黎。"失之东隅，收之桑榆"。正是巴黎的旅居生涯为马克思打开了一片新的理论天地。在这里，他除了接触大批的社会主义者，直接参加工人运动外，还借助于蒲鲁东、赫斯和恩格斯的著作，开始系统学习研究政治经济学。正是政治经济学研究为他深入批判资本主义社会，建构科学的历史唯物主义理论奠定了坚实的基础。《1844 年经济学哲学手稿》中的异化劳动理论，就是马克思在初步研究经济学的基础上，运用费尔巴哈的人本主义理论，解释说明古典政治经济学的第一次理论总结。比起马克思的同时代人和他那些曾经

莫泽斯·赫斯，德国青年黑格尔主义者，著有《论货币的本质》，提出交往异化理论。

法国雷让斯咖啡馆，马克思 1844 年 8 月在这里与恩格斯第二次会面，开始了一段伟大的传奇友谊。

的战友来说，"异化劳动"理论显然具有无比的理论优越性。

异化批判
的线索演变和
发展

在黑格尔那里，"绝对精神的异化"，尽管具有深刻的社会历史指向，青年黑格尔也曾经研究过国民经济学的内容；但是却获得了一种思辨的外观，并且成为"绝对精神"自我实现的手段。青年黑格尔派对此感到不满，他们尝试从"自我意识"出发，强调黑格尔哲学中的革命维度。在鲍威尔那里，不合理的现实是"自我意识"异化的结果，自我意识的自我实现就是对普鲁士宗教政治现实的变革。在卢格那里，异化的主体从"自我意识"，变成了"伦理国家"，政治异化的结果就是私有财产的出现。与马克思一样受到费尔巴哈的影响，在赫斯那里，异化的主体被进一步确认为"交往"的人，人的交往异化就表现为私有财产，特别是货币的出现。所以，赫斯又被称为"货币异化"论。作为异化批判线索的延续和发展，借助于政治经济学研究中对于"劳动"问题的探讨，马克思提出了"异化劳动"理论，并用这一理论来说明现实私有财产的发生和克服的可能性。也就是说，只有马克思才真正打碎了青年黑格尔派哲学讨论的框框，尽管在《1844年经济学哲学手稿》中仍然带有人本主义哲学的尾巴，但政治经济学的研究为他打开了一片新的理论空间，为真正实现哲学的变革奠定了坚实的基础。从这部手稿开始，马克思的哲学研究也就从来没有离开政治经济学的理论语境。

哲学家	哲学理论	异化主体	异化结果	政治立场
黑格尔	思辨唯心主义	绝对精神	现实世界	普鲁士王国
费尔巴哈	哲学人本主义	感性的人类	抽象的上帝	反封建神学
鲍威尔	青年黑格尔派宗教异化	自我意识	市民社会的分裂	资产阶级民主主义
卢格	青年黑格尔派政治异化	伦理国家	普鲁士王国	资产阶级民主主义
赫斯	青年黑格尔派经济异化	交往的人类	货币为中介的市民社会	哲学共产主义
马克思	人本主义劳动异化	自由自觉的活动	异化劳动、私有财产	社会主义

回顾马克思青年时期的思想探索，我们真可以将这一历程概括为"读万卷书、行万里路"。本着实现人类解放、建构一个美好社会的理想，马克思广泛阅读了那个时代的大量经典著作，

恩格斯所作漫画，争吵乱作一团的"青年黑格尔派"。

范围涵盖德国古典哲学和法哲学著作、法国复辟时代历史学研究和空想社会主义著作、英国的古典政治经济学。并在理论研究的过程中自觉结合社会现实的反思，实现自身方法的不断革命。从"莱茵报"时期"对物质利益难题发表意见"开始，到关注财产形式对"市民社会"和"国家"的影响，再到直接观察研究经济现实并投身工人运动，终于小有所成。

在这个意义上，我们可以将《1844年经济学哲学手稿》的理论目标概括为：第一，说明古典政治经济学所由以为基础，但却并不自知的异化的理论前提，"私有财产"；第二，在"私有财产"批判的基础上，为欧洲的社会主义和共产主义运动，特别是当时正在发生的西里西亚工人起义提供正确的理论指导；第三，清算"青年黑格尔派"内部包括自己曾经具有的错误思想，发现理解现代社会历史的科学方法。

5."异化劳动"是什么？

《1844年经济学哲学手稿》的关键词是"异化劳动"概念。这一概念也构成了"青年马克思"理论形象建构的主要依据。回到《1844年经济学哲学手稿》的文本结构中去，我们可以发现："异化劳动"理论提出的位置是在手稿第一笔记本的最后，或者更准确地说，是在第一笔记本最后的一处长篇的理论插入。[异化劳动和私有财产]是由后来的编者所给出

第一笔记本第 **XXII** 页，马克思开始专门论述"异化劳动"。

的标题。在这一部分之前，是第一笔记本的主体部分，也就是分三栏写作的"工资"、"资本的利润"和"地租"。大家一定会感到好奇：即便是在笔记本里，马克思为什么要分三栏来写呢？马克思在经济学研究中究竟发现了什么，促使他去阐发一种"异化劳动"理论？

根据 MEGA2 文献学专家的研究成果，《1844 年经济学哲学手稿》和《巴黎笔记》关系紧密。《巴黎笔记》的主要内容是马克思对政治经济学的摘录和笔记。根据《巴黎笔记》的相关内容，以及手稿第一笔记本的内容，可以知道：第一笔记本主要摘录的政治经济学著作是斯密和萨伊的作品。结合马克思在写作《1844 年经济学哲学手稿》时所受到的同时代人的影响，我们可以得出结论：

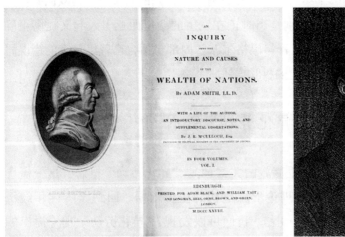

左：《国富论》扉页，作者亚当·斯密被称为"经济学的鼻祖"。
右：法国庸俗经济学家萨伊，马克思写作中使用的《国富论》即为萨伊译本。

第一，马克思在开始《1844 年经济学哲学手稿》的写作之初，在哲学上主要受费尔巴哈人本主义的影响，在经济学上主要受蒲鲁东、赫斯和恩格斯的影响。蒲鲁东提出了"私有财产即盗窃"的观点，赫斯提出了"货币"是交往异化的观点，而恩格斯则从分工出发系统批判分析了"国民经济学"。在《国民经济学批判大纲》中，恩格斯认为分工和私有财产的发展，必然带来竞争；而竞争的结果是在"市民社会"内部产生了资产阶级和无产阶级两大阶级的对立；阶级斗争构成了从资产阶级社会向社会主义社会发展的动力。

第二，马克思在第一笔记本中开始分三栏写作的直接原因就是：受恩格斯《国民经济学批判大纲》的影响，马克思在阅读斯密和萨伊的过程中，有意识地关注政治经济学材料中不同阶级之间的竞争。在斯密的《国富论》中，根据收入来源的三种形式，区分了现代"市民社会"中的三大阶级。他们分别是依赖工资的工人，依赖资本利润的工商业中等阶级，以及依赖地租的土地贵族。马克思之所以分三栏写作，就是为了利用经济学的材料，探寻三大阶级之间的关系，以及三者之间相互竞争的结果。

19 世纪英国工人在工厂中劳动情境的艺术再现，图片来自 2012 年伦敦奥运会开幕式。

第三，正是在这样一种"依葫芦画瓢"式的经济学研究中，马克思收获了两个重大的发现：第一是三大阶级之间的竞争，会产生这样一个后果，就是在工业发展的基础上，三大阶级的差别会逐渐为两大阶级，也就是我们熟悉的资本家和工人之间的对抗所取代。第二，恰恰是在国民经济学中，劳动一方面被看作是财富的源泉，但另一方面又实际上是被剥削的对象。也就是说，在私有财产的条件下，劳动创造一切但却不占有任何东西。

马克思的
"异化劳动"
理论

面对这样一种不合理的经济现实，马克思将国民经济学中的劳动观念和费尔巴哈人本主义的异化观念嫁接起来，提出了一种全新的"异化劳动"理论，并用这种理论来说明私有财产，以及以私有财产为基础的现代市民社会的非人本质。按照马克思自己的说法，"国民经济学从私有财产的事实出发。它没有给我们说明这个事实"。"这一事实无非是表明：劳动所产生的对象，即劳动的产品，作为一种异己的存在物，作为不依赖于生产者的力量，同劳动相对立。……在国民经济学假定的状况中，劳动的这种现实化表现为工人的非现实化，对象化表现为对象的丧失和被对象奴役，占有表现为异化、外化"。[①] 具体说来，"异化劳动"这样包括四重规定：

第一是工人的劳动产品与工人相异化。这一点很容易理解，在资本主义生产条件下，工人生产的产品主要被资本家拿走了，留给工人的反倒很少。

第二是工人的劳动过程与工人相异化。这一条也具有很强的现实性，夏衍的报告文学《包身工》中就直接反映了劳动过程不仅不是人的本质的自我实现，而是一种对人的摧残和压迫。

第三是人与人的类本质相异化。这一点带有强烈的哲学色彩，所谓"类本质"就是人所"共同具有的本性"。在手稿中，马克思用"自由自觉的活动"来界定人的"类本质"，而这种类本质的丧失，也就表现为异化的劳动。

第四是一切人与一切人相异化。作为第三条的逻辑推论，这一条不难理解。既然每个人都同自己的本质疏远了，那么一切人之间也就疏远了。

"异化劳动"概念的这四重规定无疑具有犀利的批判性和强烈的现实

---

① ［德］马克思：《1844年经济学哲学手稿》，人民出版社2014年版，第46、47页。

性。但问题是：人的类本质为什么一定是"自由自觉的活动"。这个"自由自觉的活动"到底指的是什么？对于这样一个问题，马克思自己也无法回答。因为在人本主义的逻辑框架中，作为类本质的东西是不证自明的。马克思不同于费尔巴哈的地方只是在于他为"感性的对象性的存在"这一抽象概念注入了经济学的要素。但这仍旧是一种抽象的概念设定，无法真正干预现实、改变世界。这也就是我们今天站在历史唯物主义的立场上反对人本主义的"青年马克思"的根本原因。即便是马克思自己，在日后的研究中也放弃了这样一种异化批判的逻辑。甚至于在《1844 年经济学哲学手稿》的写作过程中，这种人本主义的异化逻辑也已经开始遭遇了自身的解体。

6."青年马克思"眼中的社会主义和共产主义

谈到社会主义和共产主义，人们往往首先想到的是这样的一幅景象。作为对人剥削人的、"万恶"的资本主义的历史超越，"社会主义"和"共产主义"提供了一种未来人类美好社会发展的乌托邦想象。在这个意义上"社会主义"就等于"共产主义"。或者更确切地说，"社会主义"是"共产主义"的初级阶段，而"共产主义"就是人类发展的最终目标。但是，在《1844 年经济学哲学手稿》中，马克思却曾经这样说道，"共产主义是最近将来的必然的形式和有效的原则。但是，共产主义本身并不是人的发展的目标，并不是人的社会的形式"①。这与我们一般的理解似乎格格不入。这究竟是为什么呢？

为了回答这个问题，我们需要首先回顾一下历史上的"共产主义"和"社会主义"运动，看看真实的思想史语境中的"共产主义"和"社会主义"到底指什么？接下来，我们将回到《1844 年经济学哲学手稿》的文本逻辑中去，看看"青年马克思"到底是怎样理解这两个概念的，或是在他的理解中为这两个概念分别注入了怎样的新的含义？最后，我们将尝试证明：《1844 年经济学哲学手稿》是马克思写作《共产党宣言》的重要理论准备，但是这部手稿的中心思想毕竟与《共产党宣言》有着本质的区别。

---

① [德] 马克思：《1844 年经济学哲学手稿》，人民出版社 2014 年版，第 90 页。

费尔南·布罗代尔（1902—1985），
法国历史学家，年鉴学派第二代代表人物。

回顾思想史的发展历程，我们
会发现很多有趣的理论事实，而这
些事实本身又同我们今天的一般理
解大相径庭。

第一，我们在谈到马克思的时
候，经常说马克思深刻地批判了
"资本主义"社会，"共产主义"是
对"资本主义"的历史性超越。但
很有意思的是，根据法国历史学
家布罗代尔的考证，马克思在自
己的著作中几乎没有或者说很少使
用"资本主义"（Kapitalismus）这
样一个名词性的概念。而更多是
用"资本主义生产方式"（kapitalist
Produktionsweise）、"资本家社会"（kapitlaist Gesellschaft）、"资产阶级社会"
（bürgerlich Gesellschaft）来描述我们今天称之为"资本主义"的社会现实。
"资本主义"这样一个术语的出现，反倒是在 19 世纪末期，在社会主义运动
中被逐渐创造出来的。

第二，与"资本主义"是一个较为晚近的"发明"不同，"社会主义"
和"共产主义"的出现要早于"资本主义"，甚至于其思想渊源可以追溯到
柏拉图的《理想国》那里。但正如英国著名的马克思主义历史学家霍布斯鲍
姆准确指出的那样，"共产主义"和"社会主义"概念的确立是在 18、19 世
纪之交，也就是工业革命和法国大革命这"二元革命"所带来的现代社会深
刻变革基础之上。

第三，即便是"共产主义"和"社会主义"的含义和提出具有如此多的
相似性，二者之间在最初的意义上却存在根本性的差别，甚至于可以说是
"泾渭分明"。简单说来，"社会主义"的反义词是"个人主义"，"共产主义"
的反义词是"私有财产"。在马克思之前，"社会主义者"往往是资产阶级
中关注社会不平等，从道德伦理角度批评私有财产和个人主义的人，如圣西

门、傅立叶和欧文。而"共产主义者"往往是无产阶级中最为激进的那一部分人，如巴贝夫主义者和布朗基主义者等等。

今天的理解	资本主义→社会主义（共产主义初级阶段）→共产主义	
19 世纪理解	社会主义 VS 个人主义	共产主义 VS 私有财产
	社会主义 = 人道主义	共产主义 = 暴力革命

三大空想社会主义者（从左至右）：圣西门、傅里叶、欧文。

那么，马克思在《1844 年经济学哲学手稿》中是怎样看待"共产主义"和"社会主义"的呢？首先，一个不容置疑的事实是：无论怎样，马克思已经站在与此时的"共产主义"和"社会主义"相同的立场上，也就是说，马克思已经明确地将批判"私有财产"作为自己的理论使命。在这个意义上，我们可以确定，在 1844 年初马克思已经站在了无产阶级的立场之上。但是，他既没有追随当时的"空想社会主义者"的理论步伐，也没有简单认同"共产主义者"的理论立场，而是尝试给出自己的回答。这个回答就是，在"异化"的扬弃中重建"人"的类本质。

马克思自己是这样说的："共产主义是私有财产即人的自我异化的积极的扬弃，因而是通

布朗基，法国工人运动活动家、革命家。

过人并且为了人而对人的本质的真正占有；……这种共产主义，作为完成了的自然主义＝人道主义，而作为完成了的人道主义＝自然主义，它是人和自然界之间、人和人之间的矛盾的真正解决。……它是历史之谜的解答，而且知道自己就是这种解答。"①

纪录片《德国人》

也就是说，马克思并没有简单认同当时流行的"共产主义"观念，如粗陋的平均主义的共产主义和政治的共产主义等，也没有机械地遵循当时流行的"社会主义"特别是"空想社会主义"的理念。而是在"异化劳动"理论的基础上，批判性地分析"私有财产"产生的根源和扬弃的可能性。在这个过程中，马克思力图实现自己对现实的"共产主义"和"社会主义"运动的批判性改造。简单说来就是：

第一，为"共产主义"和"社会主义"运动找到真实的哲学的根基，用"异化"劳动理论来批判"私有财产"，说明现实社会生活中自私自利、阶级分化、人压迫人等一系列异化现实的原因。

第二，为"共产主义"运动摆脱粗陋的、庸俗的状态，实现科学的理解奠定基础，特别是寻求这样一种可能性，无产阶级"将抛掉自己身上的一切陈旧的肮脏东西，才能成为社会的新基础"②。

第三，为"社会主义"思潮摆脱空想的、伦理批判的状态，真正获得变革世界的现实性力量。用恩格斯后来的话说，就是实现"社会主义从空想到科学的转变"。

当然，在《1844年经济学哲学手稿》中，这一改造本身仍然存在一定的理论困境。在理论逻辑上，这一困境就表现为"异化劳动"理论仍然是一个价值的悬设，也就是说，从一个预先设想出来的人类应该具有的状态出发，来批判现实中发生的情况。这就无形中弱化了"青年马克思"的批判力度，既然"人"的本质是"自由自觉的活动"，那么为什么私有财产就不能是"神圣不可侵犯"的自然状态呢？在现实层面上，这一困境就表现为无

---

① ［德］马克思：《1844年经济学哲学手稿》，人民出版社2014年版，第77—78页。
② 《马克思恩格斯选集》第1卷，人民出版社1995年版，第91页。

法为工人运动找到一条切实可行的指导路线。在具体的历史情景中，尽管"私有财产"的存在的确是工人受剥削受压迫的根本原因，但在很大程度上工人运动的直接目标仍然是提高工资，获得自己的财产。要克服这一现实层面上的难题，还是必须要回到理论逻辑的发展中去。必须在理论上对于工人阶级受剥削受压迫的根源给出科学的、具体的分析。而这显然在《1844 年经济学哲学手稿》中是无法完成的，这也是我们反对人本主义的"青年马克思"观念的根本原因所在。

7."异化"去哪了？

尽管我们已经知道"异化劳动"概念是马克思《1844 年经济学哲学手稿》的关键词，并且从"异化"概念出发所展开的人本主义的"青年马克思"，成为 20 世纪中叶西方学者理解马克思的一个重要出发点。但是，在马克思后来的著作中，却很少再使用"异化"这个术语。可能为数不多的两

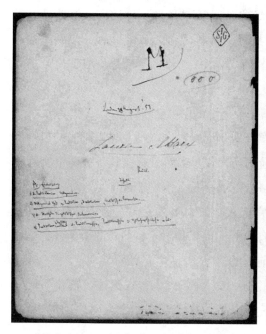

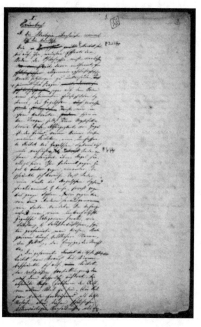

《德意志意识形态》第一章《费尔巴哈》第一页手稿　　　　　　　　　《1857—1858 年经济学手稿》"导言"封面页

次，一次是在马克思恩格斯 1846 年合作完成的《德意志意识形态》中，另一次是在马克思 1858 年所写作的《1857—1858 年经济学手稿》之中。这两处使用分别是这样的。

  《德意志意识形态》为马克思恩格斯于 1845 年下半年至 1846 年上半年合作写作的一部手稿。该手稿的主要目的是清算青年黑格尔派的理论争论，并澄清马克思恩格斯自身的理论方法。在第一章《费尔巴哈》中，马克思恩格斯提出并制订了新的科学世界观，即唯物主义历史观。在《费尔巴哈》章中，马克思恩格斯已经有意识的放弃了"异化"的概念表述和理论逻辑，只是在批判性的意义上使用了"异化"这个术语。

  《1857—1858 年经济学手稿》为马克思 1857 年至 1858 年间写下的一部经济学手稿，也被称为直接创作《资本论》的第一手稿。在该手稿中马克思说明了自身研究方法同政治经济学方法之间的本质区别，并初步制订了剩余价值理论，实现了对资本剥削秘密的科学分析。尽管在该手稿的《货币章》中，马克思曾使用了"异化"的说法，但根据上下文可知，马克思主要是在批判的、讽刺的意义上使用的。需要注意的是，在该手稿包括《资本论》的定稿中，"物化"概念扮演了更为重要的角色。

  在《德意志意识形态》第一章《费尔巴哈》中，马克思以挪揄的口吻提到："这种'异化'（用哲学家易懂的话来说）当然只有在具备了两个实际的前提之后才会消灭。要使这种异化成为一种'不堪忍受的'力量，即成为革命所要反对的力量，就必须让它把人类的大多数变成完全'没有财产的'人，同时这些人又同现存的有钱有教养的世界相对立，而这两个条件都是以生产力的巨大增长和高度发展为前提的。"[1]

  在《1857—1858 年经济学手稿》中，马克思也曾在论述"物化"的意义上提到："活动的社会性质，正如产品的社会形式和个人对生产的参与，

---

[1] ［德］马克思：《德意志意识形态》（节选本），人民出版社 2003 年版，第 30 页。

在这里表现为对于个人是异己的东西，物的东西；不是表现为个人的相互关系，而是表现为他们从属于这样一些关系，……这种普遍交换，他们的相互联系，表现为对他们本身来说是异己的、独立的东西，表现为一种物。"①

在这样两段话中，我们会看到：马克思不再像《1844 年经济学哲学手稿》中一样，将"异化"概念作为自己理论体系的核心范畴，而是强调在现实的资产阶级生产关系基础上，发生了一种可以用"异化的"或"异己的"来描述的现实状况。只不过，一方面这种状况的克服不再依赖于"异化的扬弃"，而是现实的阶级斗争和社会生产发展；另一方面，马克思自觉地同使用"异化"话语的"哲学家"保持了理论上的距离。他非常厌恶使用这样一个哲学的范畴。那么，我们的问题就是："异化"这个术语去哪了？在"异化"术语消失的背后发生了怎样的理论转变呢？

首先，《1844 年经济学哲学手稿》的研究为马克思打开了一片新的理论视野，这就是研究的重心从哲学思辨向经济学研究的转变。1843 年下半年开始，马克思为了解决"对物质利益发表意见的难题"，并实现"对市民社会的解剖"，在巴黎开始了自己的经济学研究。"异化劳动"理论就是马克思最初对经济学研究加以总结概括的产物。自此以后，马克思的主要理论工作就是，在政治经济学的研究中批判现实的资本主义社会。这就是马克思为什么逐渐放弃了哲学思辨的话语，转而拾起政治经济学话语的直接原因。既然主要是在政治经济学的语境中讨论问题，那么"自我意识"、"异化"之类的哲学话语就自然让位于"生产"、"生产力"、"生产关系"、"经济基础"、"上层建筑"等经济学话语。

其次，政治经济学研究给马克思带来的不仅是范畴术语的转变，更为根本的是理论逻辑的转型。我们已经多次提到，"异化劳动"理论的提出本身依赖于一个预先设置的逻辑前提，也就是作为异化状态之前的人的"自由自觉的活动"。但是这种"自由自觉的活动"究竟是什么，马克思在《1844 年经济学哲学手稿》中并没有给出说明。追溯其理论源头，我们已经发现：

马克思异化劳动理论逻辑的转型

① 《马克思恩格斯全集》第 30 卷，人民出版社 1995 年版，第 107 页。

这样一种人本主义的异化理论，直接受到了费尔巴哈的影响。费尔巴哈用"感性对象性的人"替代黑格尔"思辨的绝对精神"，进而宣称自己实现了哲学的变革。遵循这一哲学的思考，并借助于蒲鲁东、恩格斯、赫斯等人的研究，马克思将这一批判逻辑推进到"异化劳动"理论。但是在政治经济学研究的进程中，这种"异化劳动"所由以为前提的人的"类本质"，即"自由自觉的活动"，或者说"感性对象性的活动"却开始遭遇自身的逻辑解体。

这一解体体现在同一问题的两个方面上。一方面是马克思在经济学研究中逐步意识到，所谓"劳动"，并不存在一个绝对的应然的状态，总是同一定的社会经济关系结合在一起的。用马克思自己的话说，就是"劳动是私有财产的主体本质"，"并不存在脱离私有财产的劳动"。因此，对于异化劳动的分析，应该直接到私有财产的运动，也就是现实的物质生产过程中去进行。在《1844年经济学哲学手稿》中这个问题的分析是依托"分工"的讨论展开的。

另一方面，作为劳动的主体的人，也不是一种抽象的存在物，而是直接受到具体社会环境的影响。特别是在关于人的感性"需要"的分析中，马克思借助于政治经济学的争论，竟然发现，关于人的"需要"究竟是什么的讨论，一刻也离不开具体的财产状况和物质生活条件。用一句通俗的话说，尽管人总有吃穿住的需要，但是吃什么怎么吃、穿什么怎么穿、住什么怎么住对于每个具体的个人来说并不是一样的。比方说，对于来自南方的人来说，饿了自然想到的是米饭；对于来自北方的人来说，饿了自然想到吃馒头面条；而对于来自东北地区的人来说，可能又会直接想到米饭。每一个单个人的需要，并不是他自己天然的秉性，而是同他直接置身其中的生活方式和生产方式直接相关。这样，从一个抽象预设的"类本质"出发的"异化劳动"理论就必须在具体的物质生产方式研究中才能获得科学的基础，并真正发挥自身的批判性力量。

这也就是本小节开头我们提到的，马克思后来重新使用"异化"术语的一个重要原因。这是马克思在历史唯物主义的理论基础之上，探讨现实的资本主义社会中所发生的不合理现象时，重新借用"异化"的表达方式。但实际上，马克思已经告别了《1844年经济学哲学手稿》中的人本主义逻辑。

也就是说，"异化"的表述可能仍然存在，但是对于"异化"现象的分析已经转化为在特定的，以一定的物质生产方式为基础的社会形态中，由于分工和交往的发展，所导致的一部分人对另一部分人的剥削和压迫，以及现实社会中出现的外在于人的抽象力量对人的控制和奴役的科学分析。显然，这一问题在《共产党宣言》和《资本论》这两部经典的马克思主义著作中得到了详细的说明。

8. 重读《1844 年经济学哲学手稿》还有必要吗？

今天，距离马克思写作《1844 年经济学哲学手稿》已经过去了 170 多年，马克思所描述的资本家对工人的赤裸裸的剥削在当今世界的很多地方已经消失了。而距离马克思的"第二次降世"，也已经过去了将近 80 年光景，人本主义的"异化劳动"理论也已经被证明是"青年马克思"思想探索过程中一个被放弃了的理论规划。那么，一个自然而然的问题就是：我们今天重新阅读《1844 年经济学哲学手稿》还有必要吗？或者换个问法，今天我们重新阅读这部未完成的手稿，对于我们理解马克思还有意义和价值么？回答是肯定的。这是由三个方面的原因所决定的。

第一，重新阅读《1844 年经济学哲学手稿》，是我们全面理解马克思思想的发展历程，特别是马克思青年时期艰苦理论探索的重要一环，甚至是不可或缺的一环。"罗马城不是一天建成的"。马克思也不是一生下来就成为马克思的。作

马克思主
要著作年表

为千年伟人的马克思，本身经历了漫长的理论探索，才在思想史上留下了不可磨灭的光辉。在马克思的思想探索进程中，《1844 年经济学哲学手稿》扮演着特殊重要的作用。尽管这部手稿是一份被放弃了的研究计划，马克思自己后来也从未打算将其公开发表，但是这部手稿在三个方面都对马克思后来的思想发展起到了至关重要的作用。

首先，《1844 年经济学哲学手稿》是马克思第一次进行独立的理论创新所留下的重要文献成果，对于我们理解青年马克思的思想转变具有重要的参照意义。尽管说马克思自己的"博士论文"《论伊壁鸠鲁和德谟克利特自然

哲学的差别》和《黑格尔法哲学批判》等作品中，已经展现了他敏锐的哲学洞察力和深邃的哲学思考。但不容否认，上述作品在很大程度上仍然是受到同时期其他理论家，如鲍威尔和费尔巴哈的直接影响而形成的研究成果。可以说是马克思自身理论研究"学徒期"的作品。在这个意义上，《1844年经济学哲学手稿》中提出的"异化劳动"理论尽管存在诸多问题并且最终失败了，但仍不失为一个伟大的探索。

其次，《1844年经济学哲学手稿》是马克思第一次系统研究经济学并尝试从根本上批判经济学所留下的重要成果，为马克思后来的思想发展开启了全新的理论视域。众所周知，马克思最初研究的是法学和哲学，只是在现实的政治实践和理论探索活动中，马克思才逐步接触到了"政治经济学"这一在当时全新的理论视域。自此之后，马克思的主要研究工作就是围绕政治经济学批判展开的，而"政治经济学批判"作为《资本论》的副标题，也可以看作是马克思毕生理论成果的总结。《1844年经济学哲学手稿》的研究起点意义不容回避，可以说，没有这部手稿也就不会有后来的《资本论》。

再者，《1844年经济学哲学手稿》中蕴含着马克思自身向着科学的理论方法转变，也就是说迈向历史唯物主义的重要理论要素，构成了马克思"第一个伟大发现"的重要基础。虽然"异化劳动"理论并没有摆脱人本主义的逻辑，也最终被证明为一种资产阶级意识形态的"隐性同谋"，但是这部手稿中关于"私有财产的运动"，特别是"分工"、"需要"、"货币"等问题的分析，已经包含着人本主义异化劳动理论自我解体的要素，也构成了马克思创立历史唯物主义的基础。在这个意义上，《关于费尔巴哈提纲》中对于费尔巴哈的若干批判实际上也是马克思的自我批判。

第二，重新阅读《1844年经济学哲学手稿》，是我们全面理解20世纪马克思主义发展史，特别是正确对待马克思主义发展史上"青年马克思"或"两个马克思"问题，马克思主义研究中的文本研究和思想阐释的关系问题，马克思主义中批判性和科学性维度之间的关系问题等重大问题的重要前提。20世纪马克思主义理论的发展史本身就是一部世界社会主义运动史，也是一部特殊视角下的资本主义发展史。围绕马克思主义的理论建构，在20世纪曾经发生过多次争论。其中，最为典型的就是与《1844年经济学哲学手稿》的公开问世直接相关的"青年马克思"问题，也就是悉尼·胡克笔下的"马克思的第二次降世"。经过多年的争论和《1844 年经济学哲学手稿》文本和逻辑的分析，"青年马克思"或"两个马克思"的争论已经逐渐退潮，但是其中涉及的马克思主义文本研究和思想阐释的关系问题，以及马克思主义中的批判性和科学性维度的关系问题，时至今日仍然在国际范围内困扰着马克思主义研究的开展。重新阅读《1844 年经济学哲学手稿》有助于我们形成这样的科学认识：

其一，对于人文社会科学研究来说，文本研究本身同思想阐释是密不可分的。这一点在《1844 年经济学哲学手稿》的流传和研究史中得到了鲜明的体现。面对马克思这样一部未完成的手稿，对于原初文本情况的尊重当时是任何科学研究的前提，但是必须看到：文本的研究并不是一个简单的照相复制工作，本身同理论阐释内在结合在一起。当然，思想阐释的变化在很大程度上也得益于文本研究的推进。

其二，对于马克思主义来说，批判性毫无疑问是一个重要的理论标签。马克思主义的形成和发展本身就是在对资本主义的批判性分析中不断得到推进的。但是话反过来说，仅仅有批判性的维度，并不足以构成马克思主义。结合《1844 年经济学哲学手稿》的理论命运，尤其是这部手稿与《共产党宣言》和《资本论》的历史比较，可以发现：马克思主义本身是批判性和科学性的统一，马克思主义真正的批判性立足于其对于人类社会历史的科学分析之中。

第三，重新阅读《1844 年经济学哲学手稿》，是我们深入分析今天全球化资本主义发展，探索寻求一种美好人类未来的重要理论参照。尽管这部手稿写作于 19 世纪 40 年代中期，距离当代资本主义的发展已经十分遥远；尽管这部手稿本身的理论逻辑存在重大不足，在马克思自身的思想发展过程中已经被超越。但是《1844 年经济学哲学手稿》所面对的现代社会本身并没有根本性的变化。马克思在这部手稿中所指出的很多问题，如"私有财产"发展所造成的"异化"现实，"货币"在现代社会生活中的统治作用，"人"的"审美"和"需要"在现代资产阶级社会中的片面化等等，在今天依然以这样那样的形式存在着，甚至于改头换面以更加隐蔽的方式发生着作用。这就意味着，正确看待今天全球化资本主义的发展，期待一种未来更加美好的人类社会，有必要重新阅读《1844年经济学哲学手稿》。或者说，《1844年经济学哲学手稿》中的很多理论判断，就像"达摩克利斯之剑"一样高悬在当代资本主义社会发展之上。

在此过程中，具有重大理论价值的，除了马克思在《1844年经济学哲学手稿》中所提出的问题外，可能更加重要的是马克思在写作这部手稿，以及放弃手稿的出版计划，转而开始新的理论探索这一艰辛的思想历程中，所体现出来的马克思勇于攀登科学高峰的顽强精神，以及马克思勇于自我批判的理论品格。这也时刻激励着我们，在今天的社会历史条件下，不应满足于一般意义上的现象描述，或是抽象的理论说明，必须在不断占有、把握新的社会经验材料和自觉的方法论反思基础上，为追寻一个更加美好的社会而努力奋斗！

第三章

《共产党宣言》的由来及其昨天与今天

1."一个幽灵，共产主义的幽灵"

黑格尔曾说，熟知非真知。这话同样适合《共产党宣言》。人们是如此熟悉《共产党宣言》，以至于几乎没有人会想到问一个最简单的问题：为什么是"共产党"宣言，而不是社会党、工人党或者其他什么党宣言？对此最直接的回答是，《共产党宣言》是共产主义者同盟这个组织的党纲，而要想获得更完备的解答，我们就需要回到"一个幽灵，共产主义的幽灵，在欧洲游荡"的19世纪30年代，回到共产主义者同盟的历史中去。

欧洲具有源远流长的社会主义思想传统，其远源可以追溯到16世纪，即资本主义刚刚萌芽的时候。不过，只是到了19世纪初，即二元革命已经有序进行多年、后果开始逐步显现的时候，社会主义才真正成为一种具有现实的社会影响的思潮。三大社会主义者圣西门（1760—1825）、傅立叶（1768—1830）、欧文（1771—1858）就是在这一时期走上历史舞台的。他们都是具有强烈道德感的有产者，希望以某种社会改良的方式纾解因资本主义发展而滋生的社会不平等问题。受社会主义思潮的激励，二元革命发动以后，个别出身社会底层的革命者也开始批判资本主义，并将矛头直指私有制本身，主张以暴力革命的方式推翻剥削制度，建立平等共和国。

法国人巴贝夫（1760—1797）就是这种共产主义的杰出先驱。在19世纪30年代的法国，共产主义在受工业革命严重挤压、生存状态日趋恶

社会主义与共产主义之比较

	社会主义	共产主义
走上历史舞台的时间	19世纪初	19世纪30年代
主要倡导者	道德感强烈的有产者	受工业革命挤压的手工业者
政治主张	社会改良	暴力密谋革命
经济主张	维持私有制	平均主义地对待私有财产
学说的文学形象	《水浒传》	《悲惨世界》

化的手工业者中迅速传播开来，成为一股现实的社会力量，卡贝（1788—1856）、布朗基（1805—1881）等是重要代表。

1830年7月，法国爆发了反对波旁王朝专制统治的七月革命。七月革命的成功激发了德意志地区的自由主义及民族主义运动，革命者向保守政府发起挑战，要求立宪，甚至民族统一。革命运动很快就被镇压。此后，一批参与过革命的德语地区手工业者流亡巴黎，接受共产主义思想的影响，于1834年成立了密谋组织"流亡者同盟"。1836年，"流亡者同盟"中"分出了最激进的、大部分是无产阶级的分子，他们组成了一个新的秘密同盟——正义者同盟"，①随后，正义者同盟成为布朗基领导的"四季社"的分部，并参加了1839年"四季社"起义，起义失败后，大批同盟成员逃亡到伦敦。在沙佩尔（1812—1870）等人的领导下，正义者同盟在

格拉古·巴贝夫（1760—1797），法国革命者，曾积极参加法国大革命，后主张以暴力革命的方式消灭私有制，建立"普遍幸福的"、"人人平等的"社会。巴贝夫的这种平等派共产主义思想是马克思主义的直接先驱。

---

① 《马克思恩格斯选集》第4卷，人民出版社1995年版，第191页。

伦敦得到恢复。伦敦有当时最发达的资本主义经济、最成熟的资产阶级民主政治体制、最活跃的工人运动氛围，这些都极大地促进了同盟在组织、政治、思想等方面的发展和现代化，使之日益成为一个国际化的工人组织。历史地看，同盟的成员主要是一些手工业者，特别是裁缝，这和手工业者的文化水平较高、政治意识较强以及受工业革命的冲击较大有关。

卡尔·沙佩尔（1812—1870），德国和国际工人运动活动家。曾在吉森大学林学系学习，1833 年开始流亡，1836 年参加流亡者同盟，后参与组建正义者同盟，1839 年流亡伦敦后，领导了正义者同盟的恢复工作，分别于 1843 年和 1845 年结识恩格斯和马克思，支持创立共产主义通讯委员会，后参加筹建了共产主义者同盟。

成功恢复后的正义者同盟的政治自觉性和自主性日益提高，逐渐摆脱对法国共产主义者的依赖，日益成为德国工人运动乃至整个东欧工人运动的旗手。正因为如此，同盟把魏特林树立为自己的共产主义理论家，"大胆地把他放在同当时他的那些法国竞争者相匹敌的地位"①。1844 年 8 月，魏特林在乘船赴美途中，在伦敦下船，受到同盟成员的热

魏特林早期革命活动

情接待。不过，在发表了几次演说后，听众越来越少，魏特林与沙佩尔等同盟领导人的分歧也越来越大，这主要是因为魏特林那种立刻就发动暴力革命的想法与伦敦的现实以及英国工人运动确立的成功典范格格不入。最终，经过一系列的民主辩论，魏特林的共产主义遭到同盟的清算和抛弃。

努力向现代工人阶级政党转型的正义者同盟内在地存在着与知识分子联合的需要。所以，1843 年，同盟邀请恩格斯加入，但恩格斯因为不认同

---

① 《马克思恩格斯选集》第 4 卷，人民出版社 1995 年版，第 195 页。

他们的平均共产主义而拒绝。1846 年初，马克思向同盟发出了建立联系的邀请。一开始，同盟成员不仅不认同马克思的共产主义，而且对他的"精神上的傲慢"颇有微词。不过，同盟领导人最终意识到坚实的理论基础的重要性，从而渐渐向马克思靠拢。1847 年 1 月 20 日，同盟派人前往布鲁塞尔，邀请马克思加入同盟。马克思开始对此有很多疑虑，但最终被打消，因为同盟领导人告诉他："中央委员会准备在伦敦召开同盟代表大会，大会上，我们所坚持的各种批判的观点，将作为同盟的理论在宣言中表现出来；他又说，可是为了同保守派分子和反对派分子作斗争，我们必须亲自参加大会，这就涉及到我们要加入同盟这样一个问题了。"① 在同盟接受了马克思的条件，即"摒弃章程中一切助长迷信权威的东西"后，② 马克思和恩格斯先后加入同盟。

1847 年 6 月，正义者同盟在伦敦召开第一次代表大会，恩格斯出席大会，经过民主辩论，同盟部分接受了马克思的主张，将同盟改名为共产主义者同盟，并将口号"四海之内皆兄弟"改为"全世界无产者，联合起来！"8 月，马克思将布鲁塞尔通讯委员会正式改组成为共产主义者同盟的一个支部，自任主席。11 月 27 日，马克思启程前往伦敦参加共产主义者同盟第二次代表大会，经过 10 多天的激烈民主辩论，"所有的分歧和怀疑终于都消除了，一致通过了新原则"，③ 同盟接受马克思的主张，把"推翻资产阶级政权，建立无产阶级统治，消灭旧的以阶级统治为基础的资产阶级社会和建立没有阶级、没有私有制的社会"④ 作为自己的目的。

一个全新的无产阶级政党就此出现在世界历史舞台上。

2.《共产党宣言》的形成

1968 年，人们在共产主义者同盟一位早期活动家的档案中发现一份名

---

① 《马克思恩格斯全集》第 14 卷，人民出版社 1964 年版，第 465 页。
② 《马克思恩格斯全集》第 34 卷，人民出版社 1972 年版，第 289 页。
③ 《马克思恩格斯选集》第 4 卷，人民出版社 1995 年版，第 201 页。
④ 《马克思恩格斯全集》第 4 卷，人民出版社 1958 年版，第 572 页。

为《共产主义信条草案》的手稿。除了个别字句和签名外，该手稿都出自恩格斯的手笔。经过考证，人们最终确定，这就是传说中共产主义者同盟第一次代表大会讨论通过的纲领性文件，即《共产党宣言》的第一个稿本。人们由此明确，《共产党宣言》的

《共产主义
信条草案》手稿

形成经历了三个阶段、留下三个稿本：1847 年 6 月恩格斯撰写的《共产主义信条草案》；1847 年 11 月恩格斯撰写的《共产主义原理》；马克思恩格斯撰写、1848 年 1 月马克思修改定稿的《共产党宣言》。

（一）《共产主义信条草案》

根据考证，《共产主义信条草案》应当创作于 1847 年 6 月共产主义者同盟第一次代表大会之前，并作为纲领草案之一提交给了大会。该草案篇幅不大，翻译成中文约 3500 字，采用的是一问一答的教义问答体形式，对 22 个与共产主义信仰有关的问题进行了解答。这 22 个问题大体分为三组：前 6 个问题为一组，主要涉及对共产主义的基本理解；

1. 你是共产主义者吗？

2. 共产主义者的目的是什么？

3. 你们打算怎样实现这一目的呢？

4. 你们的财产公有建立在什

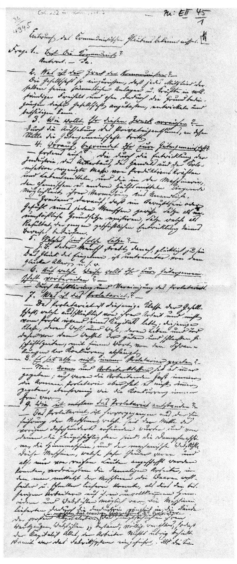

《共产主义信条草案》手稿

么样的基础上呢？

5. 这是一些什么原理呢？

6. 你们打算用什么方法为实现你们的财产公有做好准备呢？

第 7 个至第 12 个问题为第二组，主要涉及无产阶级的产生及其本质；

7. 什么是无产阶级？

8. 是不是说，无产者不是一向就有的？

9. 无产阶级是怎样产生的？

10. 无产者和奴隶有什么区别？

11. 无产者和农奴有什么区别？

12. 无产者和手工业者有什么区别？

最后 10 个问题为第三组，主要涉及共产主义的必然性及革命的基本原则问题。

13. 这么说，你们并不认为任何时候都可能实现财产公有？

14. 让我们回到第六个问题吧。如果他们打算用启发并团结无产阶级的方法来为公有制作准备，你们是否因此就拒绝革命呢？

15. 你们打算一下子就用财产公有来代替今天的社会制度吗？

16. 你们认为，用什么方法才能实现从目前状况到财产公有的过渡呢？

17. 一旦你们实现了民主制，你们的第一个措施是什么？

18. 你们打算怎样实现这一点呢？

19. 你们在过渡时期怎样实施这种教育呢？

20. 在实行财产公有时不会同时宣布公妻制吗？

21. 民族在共产主义制度下还将继续存在吗？

22. 共产主义者排斥现有的各种宗教吗？

《共产主义信条草案》确实出自恩格斯的手笔。不过，它是不是恩格斯撰写的？人们对此曾有过怀疑和争论。理由主要有两点：第一，它采取的教义问答体形式具有浓重的宗教色彩，让人直接联想到基督教的教义问答，这与历史唯物主义的科学精神相去甚远；第二，它尚未彻底摆脱人性论、历史观的影响，与历史唯物主义具有明显的距离。在此前创作的《德意志意识形态》中，马克思恩格斯明确指出："共产主义对我们来说不是应当确立的状况，不是现实应当与之相适应的理想。我们所称为共产主义的是那种消灭现存状况的现实的运动。这个运动的条件是由现有的前提产生的。"[①]但《共产主义信条草案》却认为共产主义建立在两个基础上。一个基础是历史的：共产主义理想社会制度"建立在因发展工业、农业、贸易和殖民而产生的大量的生产力和生活资料的基础之上，建立在因使用机器、化学方法和其他辅助手段而使生产力和生活资料无限增长的可能性的基础之上"[②]。另一个基础是人性的，"在每一个人的意识或感觉中都存在着这样的原理，它们是颠扑不破的原则，是整个历史发展的结果，是无须加以论证的。"[③] 这种观点与马克思恩格斯已经批判过的"真正的社会主义"是一脉相承的。

人们现在肯定，《共产主义信条草案》的确是恩格斯撰写的，不过，它是恩格斯与共产主义者同盟原有指导思想进行斗争和妥协的一个结果：首先，当时愿意为共产主义者同盟撰写纲领草案的不止一人，除了马克思恩格斯，也有"真正的社会主义"者，双方的理论竞争客观存在；其次，对于马克思刚刚发动的针对克利盖"真正的社会主义"的批判，同盟领导人恰恰是不满甚至反对的；最后，同盟绝大多数成员出身手工业者，教义问答体是他们最熟悉因而也是最愿意接受的一种体裁，恩格斯必须对此有所考虑。好在同盟已经开始接受马克思的主张，所以，我们看到，恩格斯作出的妥协并不大，且主要存在于第一组问题之中，在第二组、第三组问题中，历史唯物主义则已经得到了明确有力的贯彻。

对于《共产主义信条草案》，恩格斯显然是不满意的，所以，在同时期的书信以及后来的历史回忆论述中，他都没有提及这个草案。

（二）《共产主义原理》

根据共产主义者同盟第一次代表大会的决议，包括《共产主义信条草

---

① 《马克思恩格斯选集》第 1 卷，人民出版社 1995 年版，第 87 页。

② 《马克思恩格斯全集》第 42 卷，人民出版社 1979 年版，第 373 页。

③ 《马克思恩格斯全集》第 42 卷，人民出版社 1979 年版，第 373 页。

案》在内的几种纲领草案被分发给各地的支部讨论。讨论的结果并不乐观，这促使恩格斯决定改写草案，其结果就是 1847 年 11 月前后完成的《共产主义原理》。

《共产主义原理》沿袭了《共产主义信条草案》那种教义问答体形式，但内容有了显著增加，问题从 22 个增加 25 个，篇幅则从 3500 字增加到 18500 字。通过内容的比对，我们可以清楚地看到这两个文献之间存在清晰的继承关系。

《共产主义信条草案》与《共产主义原理》关系图

《共产主义信条草案》	《共产主义原理》
1—6	1
7、8	2、3
9	4、5
10—12	6—14
13	15
14、15	16、17
16—19	18—20
20—22	21—23
—	24、25

不过，在理论上，恩格斯显然已经不再妥协，开始彻底贯彻历史唯物主义的原则，从"无产阶级解放条件"的角度论证共产党人的基本纲领。他明确指出，"共产主义是关于无产阶级解放的条件的学说"[1]，并对无产阶级的产生的社会历史条件以及资本主义的发展必然导致无产阶级革命进行了论述。他指出："可以把所有这些弊病完全归咎于已经不适应当前情况的社会制度"，而"通过建立新的社会制度来彻底铲除这些弊病的手段已经具备。"[2]

---

① 《马克思恩格斯选集》第 1 卷，人民出版社 1995 年版，第 230 页。
② 《马克思恩格斯选集》第 1 卷，人民出版社 1995 年版，第 237 页。

《共产主义原理》的第 24 个问题是"共产主义者和社会主义者有什么区别"，第 25 个问题是"共产主义者怎样对待现有的其他政党"。这两个以前没有问题显然是为了回应共产主义者同盟内部的指导思想之争。

（三）《共产党宣言》

在 1847 年 11 月底、12 月初马克思恩格斯都参加的第二次代表大会上，共产主义者同盟最终接受马克思的主张，把"推翻资产阶级政权，建立无产阶级统治，消灭旧的以阶级统治为基础的资产阶级社会和建立没有阶级、没有私有制的社会"[①] 作为自己的目的，并委托马克思恩格斯"起草一个准备公布的完备的理论和实践的党纲"[②]。会议结束后，恩格斯又专程前往布鲁塞尔，与马克思根据《共产主义原理》讨论确定了新党纲的基本方案、创作初稿，并商定由马克思具体修改定稿。因为忙于准备《关于自由贸易的演说》，[③] 马克思直到 1848 年 1 月下旬才完成《共产党宣言》的定稿，随即邮寄给同盟中央付印。

《共产主义信条草案》、《共产主义原理》和《共产党宣言》关系图

《共产主义信条草案》	《共产主义原理》	《共产党宣言》
1—6	1	一
7—12	2—13	一
13—22	14—23	二
—	24	三
—	25	四

若以实际用于修改定稿的时间计算，《共产党宣言》可以说是一个"急就章"。但如果把《共产主义信条草案》、《共产主义原理》和《共产党宣言》联系起来看，就不难看出，《共产党宣言》实际上是"厚积薄发"，是马克

---

① 《马克思恩格斯全集》第 4 卷，人民出版社 1958 年版，第 572 页。

② 《马克思恩格斯选集》第 1 卷，人民出版社 1995 年版，第 254 页。

③ 《关于自由贸易的演说》于 1848 年 1 月 9 日在布鲁塞尔民主协会的大会上发表，后于 2 月初以法文版的形式在布鲁塞尔出版。

思恩格斯在创立历史唯物主义之后，在与各种社会主义思潮进行针锋相对的斗争过程中凝结而成的纲领性思想的科学表达。它从历史发展和阶级解放、工人运动和共产主义内在统一的角度，科学地论证了共产党人基本纲领的必然性和正当性，为共产主义运动奠定了科学的基础，为共产主义运动的健康发展指明了方向。

3. 资产阶级"曾经起过非常革命的作用"

俄国大文豪托尔斯泰说："如果爱一个人，那就爱整个的他，实事求是地照他本来的面目去爱他，而不是脱离实际希望他这样那样的。"可实事求是说起来容易，做起来难。个人好恶往往会内在地影响人们对事物的判断，让人自觉不自觉地陷入爱屋及乌、恨屋及乌的窠臼。

马克思则不然。作为资本主义制度的坚定反对者，他科学预言了这一制度的必然灭亡，并毕生致力于推翻这一制度的革命事业。但是，他却始终实事求是地对待资产阶级，肯定它是一个具有重大历史合理性和必然性的存在。因为"现代资产阶级本身是一个长期发展过程的产物，是生产方式和交换方式的一系列变革的产物"。[①] 不仅如此，在《共产党宣言》中，他还热情颂扬"资产阶级在历史上曾经起过非常革命的作用"。[②] 这一点被许多后世的马克思主义者们有意无意地忽略了。

那么，资产阶级都曾发挥过哪些革命的作用呢？

首先，资产阶级使人摆脱了封建宗法关系的束缚，成为自由的主体。

马克思指出，封建社会和资产阶级社会虽然前后相继，但却是两种截然不同的社会形式：

---

① 《马克思恩格斯选集》第 1 卷，人民出版社 1995 年版，第 273—274 页。
② 《马克思恩格斯选集》第 1 卷，人民出版社 1995 年版，第 274 页。

封建社会和资产阶级社会的比较

	封建社会	资产阶级社会
建构原则	血缘、宗法关系	市场关系
人与人的关系	复杂	简单
	田园牧歌式的	赤裸裸的
	不平等的依附性关系	平等的经济关系
主体状态	共同体成员	原子化的个人
	非主体	主体

较之于封建社会，资产阶级社会似乎是一种"倒退"："资产阶级在它已经取得了统治的地方把一切封建的、宗法的和田园诗般的关系都破坏了。它无情地斩断了把人们束缚于天然尊长的形形色色的封建羁绊，它使人和人之间除了赤裸裸的利害关系，除了冷酷无情的'现金交易'，就再也没有任何别的联系了。"[①]但这种"倒退"却具有巨大的历史解放作用，因为它把所有人，从工人到原本具有神圣的职业光环的医生、律师、教士、诗人和学者，都变成了独立的、平等的、自由的市场主体。这种主体地位尽管充斥着庸俗的铜臭味，但原本却是极少数知识精英才能享有的。更重要的是，一旦拥有这种主体地位，将不会有人愿意再放弃。

资产阶级社会发挥的历史解放作用

其次，资产阶级使物质生产变成一种真正具有创造性的活动。

在封建社会中，物质生产不仅是被迫的，而且是以极端怠惰作为相应补充的。而在资产阶级社会中，物质生产则变成了一种真正具有创造性的活动，"它第一个证明了，人的活动能够取得什么样的成就。"物质生产的这种创造性具有两个重要表现。第一个表现是生产本身始终处于发展变化中。"生产的不断变革，一切社会状况不停的动荡，永远的不安定和变动，这就是资产阶级时代不同于过去一切时代的地方。"[②]第二个表现是物质生产和精神生产的生

[①] 《马克思恩格斯选集》第1卷，人民出版社1995年版，第274页。

[②] 《马克思恩格斯选集》第1卷，人民出版社1995年版，第275页。

产和消费都变成世界性的了。"资产阶级，由于开拓了世界市场，使一切国家的生产和消费都成为世界性的了。……物质的生产是如此，精神的生产也是如此。各民族的精神产品成了公共的财产。民族的片面性和局限性日益成为不可能，于是由许多种民族的和地方的文学形成了一种世界的文学。"①

再次，资产阶级深刻地改变了现代社会生活本身。

关于这一点，马克思主要强调了三点。第一，所有人、所有民族都被吸纳到社会生活中来。"资产阶级，由于一切生产工具的迅速改进，由于交通的极其便利，把一切民族甚至最野蛮的民族都卷到文明中来了。"②第二，传统的城市乡村关系被颠倒过来。"资产阶级使农村屈服于城市的统治。它创立了巨大的城市，使城市人口比农村人口大大增加起来，因而使很大一部分居民脱离了农村生活的愚昧状态。正像它使农村从属于城市一样，它使未开化和半开化的国家从属于文明的国家，使农民的民族从属于资产阶级的民族，使东方从属于西方。"③第三，使社会生活日益从分散走向集中。"资产阶级日甚一日地消灭生产资料、财产和人口的分散状态。它使人口密集起来，使生产资料集中起来，使财产聚集在少数人的手里。由此必然产生的结果就是政治的集中。"④

最后，资产阶级创造出了巨大的物质财富，使人类从根本上摆脱了绝对的匮乏。

对此，马克思满怀激情地写道："资产阶级在它的不到一百年的阶级统治中所创造的生产力，比过去一切世代创造的全部生产力还要多，还要大。自然力的征服，机器的采用，化学在工业和农业中的应用，轮船的行驶，铁路的通行，电报的使用，整个整个大陆的开垦，河川的通航，仿佛用法术从地下呼唤出来的大量人口，——过去哪一个世纪料想到在社会劳动里蕴藏有这样的生产力呢？"⑤

---

① 《马克思恩格斯选集》第 1 卷，人民出版社 1995 年版，第 275—276 页。
② 《马克思恩格斯选集》第 1 卷，人民出版社 1995 年版，第 276 页。
③ 《马克思恩格斯选集》第 1 卷，人民出版社 1995 年版，第 276—277 页。
④ 《马克思恩格斯选集》第 1 卷，人民出版社 1995 年版，第 277 页。
⑤ 《马克思恩格斯选集》第 1 卷，人民出版社 1995 年版，第 277 页。

马克思为什么会如此不遗余力地歌颂资产阶级的革命性作用呢？原因其实很简单，因为如果没有资产阶级曾经发挥的巨大革命性作用，就不会有无产阶级的成长和成熟，无产阶级革命也就根本提不上历史的议程。

4. 无产阶级是资产阶级的"掘墓人"

在热情颂扬"资产阶级在历史上曾经起过非常革命的作用"之后，马克思紧接着就宣称，资产阶级"首先生产的是它自身的掘墓人"，[①] 而这个掘墓人就是无产阶级！

马克思在 1848 年提出这个观点无疑是石破天惊、骇人听闻的。首先，1848 年，英国是世界上唯一一个完成工业革命的国家，包括当时德国在内的其他欧洲国家还处于工业化的初期阶段。我们知道，1825 年，英国爆发第一次以普遍生产过剩为特征的经济危机，被迫放弃机器出口管制。欧洲其他国家和美国的工业化进程才由此真正开始。其次，在英国之外的欧洲其他国家，工人阶级还处于"幼年"时期。没有完成的工业化自然不可能有大规模的工人阶级。德国当时的工业化进程总体较慢，工人阶级的数量大约只占总人口数量的 5%。最后，即便是在资本主义经济最发达的英国，资产阶级也还没有完全掌权。事实上，在经历了长期斗争后，差不多到马克思逝世前后，英国的资产阶级才真正控制了议会，掌握了国家的政治权力。如果说此时的资产阶级是一个毛头小伙，那么，无产阶级则一个蹒跚学步的幼儿。对于绝大多数人来说，幼儿将埋葬正值壮男的小伙，确实无法想象！

十九世纪
英国的议会改革

在 1832 年以前，英国的议会还处于贵族寡头的控制下，虽有选举，但根本谈不上民主。1832 年，英国进行了第 1 次全国规模的议会改革，使工业资产阶级的代表进入议会，从而加强了资产阶级在议会中的作用。经过 1867 年、1872 年、1883 年、1884 年、1885 年的多次改革，资

---

① 《马克思恩格斯选集》第 1 卷，人民出版社 1995 年版，第 284 页。

产阶级才彻底打击并排挤了贵族对议会的控制，实现了自己的政治统治。

我们知道，马克思在 1843 年底才转向共产主义，开始为无产阶级事业而奋斗，1845 年 7、8 月间造访曼彻斯特，才见证什么是最发达的资本主义，以及无产阶级的力量究竟有多大。那么，他何以能够得出无产阶级是资产阶级的"掘墓人"这个惊世骇俗的结论的呢？归根结底是因为他实现了历史观的革命，发现了人类社会发展的基本规律，从而根据这个规律做出大胆而科学的预言。

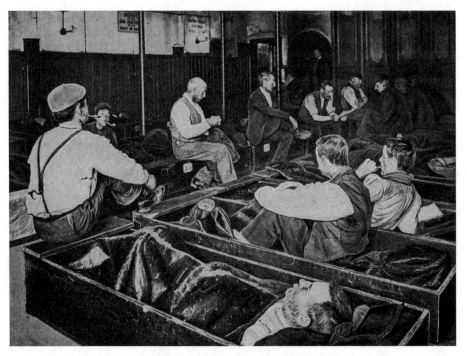

19 世纪在救济所中的伦敦失业者

那么，在《共产党宣言》中，马克思是如何论述无产阶级是资产阶级的"掘墓人"的呢？

第一，无产阶级是以雇佣劳动为基础的资本主义生产方式的必然产物。因此，"随着资产阶级即资本的发展，无产阶级即现代工人阶级也在同一程度上得到发展"。①

第二，资本主义生产方式把无产阶级造就成了除了自己的劳动一无所有的无产者。"现代的工人只有当他们找到工作的时候才能生存，而且只有当他们的劳动增殖资本的时候才能找到工作。这些不得不把自己零星出卖的工人，像其他任何货物一样，也是一种商品，所以他们同样地受到竞争的一切变化、市场的一切波动的影响。"②

第三，资产阶级在客观上推动的工业进步使无产阶级日益成为一个有组织的整体。在追逐利润的欲望以及竞争压力的推动下，资产阶级在客观上推动了自己也无法控制的工业进步过程。工业进步在让资产阶级赢得巨额利润的同时，也使无产阶级从分散走向集中、从自发反抗走向自觉斗争、从分裂走向联合、从地区性组织走向全国性组织，迅速成为一个高度组织化的整体。"这种联合由于大工业所造成的日益发达的交通工具而得到发展，这种交通工具把各地的工人彼此联系起来。只要有了这种联系，就能把许多性质相同的地方性的斗争汇合成全国性的斗争，汇合成阶级斗争。而一切阶级斗争都是政治斗争。中世纪的市民靠乡间小道需要几百年才能达到的联合，现代的无产者利用铁路只要几年就可以达到了。"③

第四，资产阶级在客观上教育了无产阶级，促进了后者的政治自觉与成熟。在与封建贵族的斗争中，资产阶级被迫向无产阶级求援，客观上把无产阶级卷进了政治运动，"于是，资产阶级自己就把自己的教育因素即反对自身的武器给予了无产阶级。"在工业进步的过程中，很多统治阶级的成员被抛入无产阶级阵营，给无产阶级带来了大量的教育因素。在阶级斗争尖锐化的过程中，一些统治阶级成员自觉加入无产阶级。"正像过去贵族中有一部分人转到资产阶级方面一样，现在资产阶级中也有一部分人，特别是已经提高到从理论上认识整个历史运动这一水平的一部分资产阶级思想家，转到无产阶级方面来了。"④

---

① 《马克思恩格斯选集》第1卷，人民出版社1995年版，第278—279页。
② 《马克思恩格斯选集》第1卷，人民出版社1995年版，第279页。
③ 《马克思恩格斯选集》第1卷，人民出版社1995年版，第281页。
④ 《马克思恩格斯选集》第1卷，人民出版社1995年版，第282页。

第五，在与资产阶级的斗争中，无产阶级成为与资本主义制度彻底决裂的、"真正革命的阶级"。在大工业的发展过程中，其他阶级都趋于没落和灭亡，只有无产阶级必将随着大工业的发展而发展，因为它是大工业本身的产物。不过，在斗争与成熟的过程中，无产阶级最终意识到自己与以往所有被压迫阶级的不同之处："无产者只有废除自己的现存的占有方式，从而废除全部现存的占有方式，才能取得社会生产力。无产者没有什么自己的东西必须加以保护，他们必须摧毁至今保护和保障私有财产的一切。"① 换言之，无产阶级自觉意识到，只有打破整个旧世界、解放全人类，才能解放自身："无产阶级，现今社会的最下层，如果不炸毁构成官方社会的整个上层，就不能抬起头来，挺起胸来。"②

基于上述理由，马克思最终得出结论："于是，随着大工业的发展，资产阶级赖以生产和占有产品的基础本身也就从它的脚下被挖掉了。它首先生产的是它自身的掘墓人。资产阶级的灭亡和无产阶级的胜利是同样不可避免的。"③

5."消灭私有制"！

《共产党宣言》中令人震撼的格言警句比比皆是，不过，最令马克思的同时代人，特别是资产阶级感到惊慌的肯定是这一句："从这个意义上说，共产党人可以把自己的理论概括为一句话：消灭私有制。"④ 事实上，对于马克思的这个基本观点，一百六十多年来，人们的质疑、批评从来都没有停止过。十月革命之前，人们批评它，主要怀疑它将颠覆资产阶级社会的文明与进步的根基，将使人类社会倒退到野蛮时代；十月革命之后，人们抨击它，则主要是因为它致使许多社会主义国家陷入建设误区，人民生活、社会发展受到消极的甚至是灾难性的影响。

人们对于马克思"消灭私有制"观点的质疑与批评

---

① 《马克思恩格斯选集》第1卷，人民出版社1995年版，第283页。
② 《马克思恩格斯选集》第1卷，人民出版社1995年版，第283页。
③ 《马克思恩格斯选集》第1卷，人民出版社1995年版，第284页。
④ 《马克思恩格斯选集》第1卷，人民出版社1995年版，第286页。

惨痛的历史不容回避。不过，如果人们就此把责任推到马克思头上，那显然是不公正的。一方面，这是因为马克思从来都反对教条主义地对待《共产党宣言》中的基本原理，强调对它们的实际运用"随时随地都要以当时的历史条件为转移"。① 另一方面，这是因为马克思绝没有像之前的平等派共产主义者那样，以虚无主义的方式对待私有制，为消灭私有制而消灭私有制，他所说的"消灭私有制"实则是对一系列观点的概括总结，涉及到消灭何种私有制、何时消灭以及如何消灭等各个方面。也就是说，问题的症结其实在于后世的马克思主义者没有能够完整准确地理解"消灭私有制"。

那么，马克思是怎样论述"消灭私有制"的呢？

首先，"消灭私有制"有确定的对象，即资产阶级的私有制。

早在《德意志意识形态》中，马克思就认识到，原始的部落所有制解体后，私有制就出现了，经历了一系列形态转变后，私有制最终摆脱国家的束缚，成为"纯粹私有制"，"现代国家是与这种现代私有制相适应的。"② 按照《资本论》中更为科学规范的说法，存在两种不同的私有制："政治经济学在原则上把两种极不相同的私有制混同起来了。其中一种是以生产者自己的劳动为基础，另一种是以剥削他人的劳动为基础。它忘记了，后者不仅与前者直接对立，而且只是在前者的坟墓上成长起来的。"③ 尽管表述的不像《资本论》那么科学严谨，但马克思在《共产党宣言》中的意思表达还是非常清楚的。在回答当时"有人责备我们共产党人，说我们要消灭个人挣得的、自己劳动得来的财产，要消灭构成个人的一切自由、活动和独立的基础的财产"问题时，马克思明确指出："共产主义并不剥夺任何人占有社会产品的权力，它只剥夺利用这种占有去奴役他人劳动的权力。"④ 很显然，马克思既不是不加区别地反对一切形式的私有制，也不是要消灭那种以自己的劳动为基础的私有制，而是特指要消灭那种利用财产的私人占有去奴役他人劳动的私有制，即以剥削他人劳动为基础的私有制。所以，在总结概括自己的理论之

① 《马克思恩格斯选集》第 1 卷，人民出版社 1995 年版，第 248 页。
② 《马克思恩格斯选集》第 1 卷，人民出版社 1995 年版，第 131 页。
③ [德] 马克思：《资本论》第 1 卷，人民出版社 2004 年版，第 876 页。
④ 《马克思恩格斯选集》第 1 卷，人民出版社 1995 年版，第 288 页。

前，马克思专门指出："共产主义的特征并不是要废除一般的所有制，而是要废除资产阶级的所有制"。①

其次，"消灭私有制"的前提条件是生产力水平的充分发展。

在《德意志意识形态》中，马克思就曾多次明确表达过这样的观念：资产阶级的私有制之所以要废除，并不是因为它不好或者不符合人们的价值观念，而是因为它的存在基础，即曾经与之相适应的生产力水平发展了，从而使之不能继续存在。也就是说，生产力的发展已经使资产阶级的所有制丧失了存在的基础或合理性，"消灭私有制"这个历史任务由此得以历史地被提出来。在这里，"生产力的巨大增长和高度发展"是"绝对必需的实际前提"，"因为如果没有这种发展，那就只会有贫穷、极端贫困的普遍化；而在极端贫困的情况下，必须重新开始争取必需品的斗争，全部陈腐污浊的东西又要死灰复燃。"②因此，问题不在于要不要消灭私有制，而在于在什么样的历史条件下才能消灭它。如果生产力还没有发展到足以消灭私有制的高度时，任何人为地消灭它的企图非但不能达到目的，反而会因此阻碍生产力的发展，甚至导致历史的倒退。所以，在《共产主义原理》中，恩格斯明确指出，私有制不可能一下子被废除，"只有创造了所必需的大量生产资料之后，才能废除私有制"。③ 在 10 年后的《政治经济学批判·序言》，马克思将这一观念上升了历史观的新高度："无论哪一个社会形态，在它所能容纳的全部生产力发挥出来以前，是决不会灭亡的；而新的更高的生产关系，在它的物质存在条件在旧社会的胎胞里成熟以前，是决不会出现的。"④

最后，"消灭私有制"是一个过程。

从《共产党宣言》我们可以看出，"消灭私有制"绝不是一蹴而就的，而是一个相当长也相当复杂的过程。这个过程的第一步"就是使无产阶级上升为统治阶级，争得民主"。⑤ 第二步，"无产阶级将利用自己的政治统治，

①　《马克思恩格斯选集》第 1 卷，人民出版社 1995 年版，第 286 页。
②　《马克思恩格斯选集》第 1 卷，人民出版社 1995 年版，第 86 页。
③　《马克思恩格斯选集》第 1 卷，人民出版社 1995 年版，第 239 页。
④　《马克思恩格斯选集》第 2 卷，人民出版社 1995 年版，第 33 页。
⑤　《马克思恩格斯选集》第 1 卷，人民出版社 1995 年版，第 293 页。

一步一步地夺取资产阶级的全部资本，把一切生产工具集中在国家即组织成为统治阶级的无产阶级手里，并且尽可能快地增加生产力的总量。"①在《共产党宣言》中，马克思还就如何限制、利用资本主义所有制及其所决定的生产关系提出了 10 点指导性意见。

> 1. 剥夺地产，把地租用于国家支出。
>
> 2. 征收高额累进税。
>
> 3. 废除继承权。
>
> 4. 没收一切流亡分子和叛乱分子的财产。
>
> 5. 通过拥有国家资本和独享垄断权的国家银行，把信贷集中在国家手里。
>
> 6. 把全部运输业集中在国家的手里。
>
> 7. 按照总的计划增加国家工厂和生产工具，开垦荒地和改良土壤。
>
> 8. 实行普遍劳动义务制，成立产业军，特别是在农业方面。
>
> 9. 把农业和工业结合起来，促使城乡对立逐步消灭。
>
> 10. 对所有儿童实行公共的和免费的教育。

历史地看，马克思所提出的这 10 点意见大多在后来的社会主义革命中得到实践，并取得了预料中的巨大成效。第三步，也是最重要、最艰难的一步，无产阶级要改造自己由此诞生的阶级社会的存在条件，使人类进入无阶级社会。"它在消灭这种生产关系的同时，也就消灭了阶级对立的存在条件，消灭阶级本身的存在条件，从而消灭了它自己这个阶级的统治。"②

如果马克思的上述构想真的得到落实，那么，一种全新的社会形态就将出现在人类眼前："代替那存在着阶级和阶级对立的资产阶级旧社会的，将是这样一个联合体，在那里，每个人的自由发展是一切人的自由发展的条件。"③

---

① 《马克思恩格斯选集》第 1 卷，人民出版社 1995 年版，第 293 页。

② 《马克思恩格斯选集》第 1 卷，人民出版社 1995 年版，第 294 页。

③ 《马克思恩格斯选集》第 1 卷，人民出版社 1995 年版，第 294 页。

6. 透过"序言"看历史

读《共产党宣言》，除了 1848 年的正文，还必须读马克思恩格斯或合作或独立为《共产党宣言》写的 7 篇序言。为什么呢？这是因为在 1872 年出版德文第二版时，马克思恩格斯就作出决定，《共产党宣言》已经成为"一个历史文件，我们已没有权利来加以修改"。[①] 所以，他们主要通过撰写新的序言来表达自己对于共产主义理论和实践的新认识。也就是说，只有将《共产党宣言》的正文和 7 篇序言作为一个整体来阅读，我们才能完整准确地理解马克思恩格斯的相关思想及其变迁。

那么，透过这 7 篇序言，我们都能发现什么呢？接下来，我们就来逐一审视。

1872 年德文版序言是马克思恩格尔匆忙写就的。当时，欧洲共产主义

1870 年普法战争胜利后，1871 年 1 月 18 日，普鲁士国王威廉一世在法国凡尔赛宫宣布建立以普鲁士王国为首的德意志帝国，并登基成为帝国的首任皇帝，俾斯麦（1815—1898）成为首任帝国宰相。俾斯麦政府支持法国政府镇压巴黎公社，并在 1872 年逮捕并以"叛国罪"审判了支持巴黎公社的德国社会民主党领袖。

---

① 《马克思恩格斯选集》第 1 卷，人民出版社 1995 年版，第 259 页。

运动面临着严峻挑战：巴黎公社的硝烟刚刚散尽，新建立的德意志帝国正向德国共产党人发起正面攻击。

不过，马克思恩格斯此时的情绪却是振奋的，因为资产阶级的胜利是大工业发展的结果，而伴随着大工业的发展，工人阶级及其政党组织也已经相应发展起来了。更重要的是，巴黎公社使《共产党宣言》的纲领得到实际验证，尽管公社很快失败了，验证的结果也表明"这个纲领现在有些地方已经过时了"，[①] 但纲领的总体现实性和科学性却已经得到了证明，并公开展现在人们眼前！他们宣布《共产党宣言》已经成为一个不容随意修改的"历史文件"时，人们可以轻易感受到他们对自己所从事的共产主义事业的坚定信心。

俄国从某种意义上讲是"另一个欧洲"，它虽然在地理上是欧洲的组成部分，但在经济上、政治上、文化上等诸多方面却与西欧保持明显的差距，更多地让当时的西欧人联想到遥远而辽阔的美洲大陆。作为欧洲人，马克思恩格斯不可能不关注俄国。从理论上讲，他们坚信，俄国虽然落后，但革命同样是不可避免的，因为"资产阶级，由于一切生产工具的迅速改进，由于交通的极其便利，把一切民族甚至最野蛮的民族都卷到文明中来了。"[②] 也就是说，俄国迟早会被卷入资本主义体系，因而革命迟早会发生。不过，在现实中，他们对俄国革命前景的判断非常谨慎，唯恐自己的乐观情绪会对俄国革命的现实与未来带来消极影响。这一点突出地表现在1881年马克思给俄国女革命者查苏利奇的

薇拉·伊万诺芙娜·查苏利奇（1849—1919），俄国社会主义革命家、作家。曾与列宁和普列汉诺夫一起参与过《火星报》的编辑工作，是俄国社会民主工党的创始人之一。1881年2月，她致信马克思，请求马克思谈谈他对俄国历史发展的前景，特别是对俄国农村公社命运的看法。

① 《马克思恩格斯选集》第1卷，人民出版社1995年版，第249页。
② 《马克思恩格斯选集》第1卷，人民出版社1995年版，第276页。

复信中。

当时，她数易其稿，最终抑制了自己对俄国革命前景的热切期待，以既没有否定也没有肯定的含糊其辞方式，理性表达了自己的看法。不过，鉴于资本主义在美国的迅猛发展，以及俄国革命形势的发展，马克思恩格斯还是期待俄国革命能够发展得更快些。所以，1882 年，他们同意为《共产党宣言》新的俄文版撰写序言，并且以一种充满鼓动性的语言告诉俄国读者："假如俄国革命将成为西方无产阶级革命的信号而双方互相补充的话，那么现今的俄国土地公有制便能成为共产主义发展的起点。"①

1870 年普法战争之后，德国的资本主义迅猛发展，无产阶级运动也由此获得长足发展。1875 年，德国社会民主党成立（当时的名称是德国社会工人党）。无产阶级运动的发展引起了俾斯麦的重视，于是，1878 年 10 月，他颁布社会党人法，宣布社会主义、社会民主主义、共产主义的组织属于非法。德国无产阶级运动被迫转入地下。所以，1883 年的德文版是在瑞士的苏黎世出版的。此时，马克思刚刚去世。恩格斯校订了译文，并怀着沉痛的心情写了一篇很短的序言，简要阐释了《共产党宣言》的基本思

俾斯麦（1815—1898），19 世纪德国卓越的政治家，现代德国的"建筑师"和"领航员"，长期担任普鲁士王国首相（1862—1890），普法战争后，推动成立德意志帝国，出任首任宰相。他镇压德国的社会主义运动，但同时也通过立法，建立了世界上最早的工人养老金、健康医疗保险制度、社会保险。1890 年，他因为再次延长反社会党人法失败而去职。

---

① 《马克思恩格斯选集》第 1 卷，人民出版社 1995 年版，第 251 页。

想，并强调"这个基本思想完全是属于马克思一个人的"。①

古诗曰："青山遮不住，毕竟东流去。"19 世纪 80 年代的世界无产阶级运动正是如此。事实上，到 80 年代末，欧美已有 16 个国家先后建立社会主义政党，并出现了越来越强烈的加强国际联合的呼声。1889 年，在恩格斯的推动下，"社会主义国际"即第二国际（1889—1916）成立。1888 年英文版就是在这个背景下问世的。恩格斯校订了该版的英译文，做了大量注释，并在序言中向英语世界的读者详细介绍了《共产党宣言》的历史背景。

1890 年的德文版是 1883 年德文版在英国的重印本。恩格斯在这版序言中全文收录了 1882 年俄文版序言，结合宣言的传播史回顾了从那时以来欧洲无产阶级运动的蓬勃发展，并再次表达了对马克思的怀念："如果马克思今天还能同我站在一起亲眼看见这种情景，那该多好啊！"②

在 1892 年波兰文版序言中，恩格斯主要是表达了对波兰独立运动的支持和对当时尚且弱小的波兰工人阶级运动的期许。而在 1893 年意大利文版序言中，恩格斯则更多的是在展望、颂扬无产阶级运动在即将来临的新世纪的更辉煌未来："现在也如 1300 年那样，新的历史纪元正在到来。意大利是否会给我们一个新的但丁来宣告这个无产阶级新纪元的诞生呢？"③

7."征服"世界的历程

《共产党宣言》无疑是继 1789 年《人权宣言》④ 发表后最重要的单篇政治文献。虽然关于革命的某些具体策略当时就很快过时了，但 160 多年来，它始终吸引着人们去阅读，并且始终能够得到教益。在《共产党宣言》的 150 周年纪念版导言中，霍布斯鲍姆说："简言之，在 1848 年可能让一般读者受到震撼的是《宣言》的革命言词，或者充其量是看起来有理的预言，在

---

① 《马克思恩格斯选集》第 1 卷，人民出版社 1995 年版，第 252 页。

② 《马克思恩格斯选集》第 1 卷，人民出版社 1995 年版，第 265 页。

③ 《马克思恩格斯选集》第 1 卷，人民出版社 1995 年版，第 269—270 页。

④ 《人权宣言》全称《人权和公民权宣言》（1789 年 8 月 26 日颁布）是法国大革命时期颁布的纲领性文件，体现了资产阶级民主的最基本原则。

今天，它们则被理解为20世纪末资本主义的简要特征。"① 在2002年企鹅经典丛书版《共产党宣言》导言中，英国剑桥大学教授约纳斯则说："当我们在新千年的起点上、在人们关于全球化和失控的无休止的议论中重新审视《宣言》时，发现它所勾画的现实图景是如此的令人震撼和具有当代感，就像在描绘我们身处其中的这个世界！我们的这种感觉和1848年人们读它时的感觉是一样的。"②

不过，《共产党宣言》这种历久弥新的世界性影响力并不是与生俱来的，而是不断"征服"世界的结果。我们可以把它"征服"世界的历程大致划分为四个时期："蛰伏"（1848—1871年）、"征服"欧洲（1871—1917年）、"征服"世界（1917—1991年）、再兴（1991年以后）。

（一）"蛰伏"（1848—1871年）

《共产党宣言》的最终定稿工作是由马克思在1848年1月间独自进行的。当时，1848年革命的烈火已经率先在西西里点燃。《共产党宣言》的序言因此满怀信心地宣布："各国共产党人集会于伦敦，拟定了如下的宣言，用英文、法文、德文、意大利文、弗拉芒文和丹麦文公布于世。"③1848年2月，《共产党宣言》第一版在伦敦问世，总23页，大约印刷了几百册。6月，法译本在巴黎出版。随后，波兰文译本、丹麦文译本、瑞典文译本也陆续出版。不过，总的说来，1848年革命中真正发挥了实际作用的只是《共产党宣言》的德文本。

1848年革命失败后，《共产党宣言》转入地下，进入了自己的"蛰伏"期。"蛰伏"并不意味着没有运动：19世纪五六十年代，《共产党宣言》的德文本在德国境内得到几次印刷，第一个英译本（1850年）、第一个俄译本（1863年）等也陆续出现。

---

① Karl Marx, Friedrich Engels, *The Communist Manifesto: A Modern Edition, With An Introduction by Eric Hobsbawm*, London: Verso,1998, p.18.

② Karl Marx, Friedrich Engels, *The Communist Manifesto, With An Introduction by Gareth Stedman Jones,* London: Penguin Books,2002, p.5.

③ 《马克思恩格斯选集》第1卷，人民出版社1995年版，第271页。

描绘德国 1848 年革命的绘画

（二）"征服"欧洲（1871—1917 年）

1848 年革命后，欧洲进入资本主义大发展大繁荣的"资本的年代"。工人阶级运动也由此逐渐从低潮中恢复并日益蓬勃地发展起来。1864 年，马克思推动第一国际成立，并在国际中发挥了重要的思想领导作用。人们对包括《共产党宣言》在内的马克思著作重新产生兴趣。1871 年 6 月，马克思为第一国际起草的《法兰西内战》在伦敦出版。在该书中，马克思系统阐发了对刚刚失败的巴黎公社的发展过程及其历史意义的看法。这使得他"荣幸地成了伦敦受诽谤最多、受威胁最大的人"。①

1872 年 3 月，普鲁士政府以"叛国罪"对支持巴黎公社的德国社会民

---

① 《马克思恩格斯全集》第 33 卷，人民出版社 1973 年版，第 263 页。

　　巴黎公社是 1871 年 3 月 18 日到 5 月 28 日期间短暂地统治巴黎的政府。马克思肯定巴黎公社是工人阶级的政府，并热情称颂："工人的巴黎及其公社将永远作为新社会的光辉先驱受人敬仰，它的英烈永远铭记在工人阶级的伟大心坎里。那些杀害它的刽子手们已经被历史永远钉在耻辱柱上，不论他们的教士们怎样祷告也不能把他们解脱。"（《马克思恩格斯全集》第 17 卷，第 384 页。）

主党领袖进行审判。因为诉讼程序规定要读《共产党宣言》的文本，于是德国社会民主党借机大规模公开印刷发行了《共产党宣言》的新德文版，马克思和恩格斯为之写了新的序言。以此为起点，《共产党宣言》开始在整个欧洲迅速流传开来。

　　在 1871 年至 1917 年间，《共产党宣言》用近 30 种欧洲语言印行了几百版。总的看来，《共产党宣言》在西欧、东欧的影响较大，在南欧、北欧的影响则要小一些。同时，就发行数量而言，德国社会民主党对《共产党宣言》的重视程度反倒不如俄国以及英语国家的一些社会主义政党和团体。这和德国社会民主党不重视理论的传统有关。

《共产党宣言》
在欧洲的传播

（三）"征服"世界（1917—1991 年）

俄国社会主义者一向重视马克思主义理论的学习与研究。列宁领导下的布尔什维克更是如此。因此，1917 年十月革命胜利后，苏联共产党积极推动马克思主义理论著作在世界各国的传播，《共产党宣言》自然是其中的重点。尽管缺乏精确的数据支撑，但就在 20 世纪的印刷数量而言，《共产党宣言》肯定是唯一能和《圣经》一较高下的著作。

КАРЛЪ МАРКСЪ и ФРИДРИХЪ ЭНГЕЛЬСЪ

МАНИФЕСТЪ

КОММУНИСТИЧЕСКОЙ ПАРТІИ

Перев. съ нѣмецкаго изданія 1872 года.

Изданіе народниковъ.

СПБ.

1885.

《共产党宣言》1885 年俄文版的扉页

在"征服"世界的过程中，《共产党宣言》的读者群日益从社会主义者、工人阶级向一般知识读者扩散。2014 年秋，我们曾荣幸地与 2008 年诺贝尔文学奖获得者法国作家勒克莱齐奥先生进行访谈，期间，他说："《共产党宣言》中我曾经阅读过的那些，并不是学业的要求，而是在我当时高中的同学中，有一些属于共产党的支持者或者本身就是共产党的成员。所以，当时他们处于一种思想非常激进的状态下，向我推荐了阅读《共产党宣言》，他们的观点是，要想理解马克思的思想，要想理解什么是共产党，就必须要去阅读《共产党宣言》这一文本。"我们看到，就这样，《共产党宣言》逐渐从一部马克思主义经典发展为一部政治经典。

勒克莱齐奥先生访谈视频

（四）再兴（1991 年以后）

1991 年 8 月，列宁缔造的苏联共产党被"暂停在苏联全境的活动"。12 月，苏联停止存在。世界社会主义运动由此陷入低潮。这虽然让《共产党宣言》的传播失去了外部政治力量的支持，但也由此走出长期以来一直笼罩在自己头上的冷战意识形态阴影，以一种更纯粹的方式继续存在并影响世界。

1998 年，巴黎召开了规模宏大的"纪念《共产党宣言》发表 150 周年国际大会"。大会组织者之一拉扎尔夫人说："《宣言》不是一般的书。它不是冰，而是碳，放在锅里能使水沸腾起来。我们为什么不使历史重新沸腾起来呢？"这次大会的召开标志着《共产党宣言》走出苏联解体的阴影，以新的面貌重新进入当代世界。

8.《共产党宣言》为什么吸引人？

当人们读过《共产党宣言》后，都有一种感觉：这是一份有巨大感召力的文献。那么，《共产党宣言》为什么能如此吸引人呢？

首先，这是因为《共产党宣言》的文学成就巨大。

在英国牛津大学教授柏拉威尔看来，《共产党宣言》是马克思写得最好的著作之一。他评论说："马克思并不是总是写得这样出色，但是在他写得最好的时候，他表现出他能够掌握说教的和论辩的散文写作能力，这一点保证他的作品在思想和政治活动史上以及在德国文学史上都占有一席之地。"[①]柏拉威尔的这个评论非常中肯。马克思具有极高的文学修养，但思想深刻思辨，大多数作品都很艰深晦涩。即便是大学时代写的那些抒情诗，也因为用典过多或用典生僻，让人难以欣赏。而在最后修改润色《共产党宣言》时，马克思投入了极大的心力，使之臻至完美。

《共产党宣言》在文学创作上有三点值得评论。第一，结构明晰，让人可以一目了然地明白《共产党宣言》究竟要说什么。第二，修辞准确、有力。中国的古话说："修辞立其诚"。修辞本身并不是目的，而是为你的创作意图服务的。在《共产党宣言》中，马克思进行了大量修辞，成功传达出了自己的革命意图，让人过目难忘。对此，我们只需提它的开头和结尾的两句

---

① S.S.Prawer, *Karl Marx and World Literature,* Oxford: Oxford University Press,1976, p.149.

话就可以了:"一个幽灵,共产主义的幽灵,在欧洲游荡。""全世界无产者,联合起来!"第三,富于音乐感。《共产党宣言》的德文原文富于德语特色的韵律美,朗读起来极具音乐感。这一点在《共产党宣言》的第一段中表现得尤其显著。

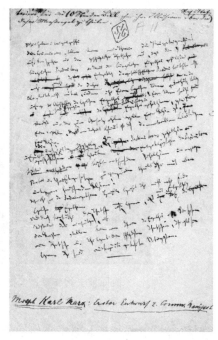

《共产党宣言》手稿一页

其次,这是因为《共产党宣言》能够激发一切被压迫者的情感。

《共产党宣言》是为被资产阶级压迫的工人阶级创作的。马克思恩格斯写道:"共产党人不屑于隐瞒自己的观点和意图。他们公开宣布:他们的目的只有用暴力推翻全部现存的社会制度才能达到。让统治阶级在共产主义革命面前发抖吧。无产者在这个革命中失去的只是锁链。他们获得的将是整个世界。"[1] 不过,在其"征服"世界的过程中,《共产党宣言》却在事实上激发了一切被压迫者的情感与激情。对此,2008 年诺贝尔文学奖获得者勒·克莱齐奥的观察非常具有启示意义:"在阅读了《共产党宣言》的部分章节后,让我印象特别深刻的是,这一文本所体现出来的强大的力量,在思想上给人的一种强大的影响力。它实际上是对于当时世界上所有属于被压迫阶层的力量的一种唤醒和一种鼓励。"

1871 年 5 月 29 日,也就是巴黎公社失败后的次日,工人诗人、巴黎公社的领导者之一欧仁·鲍狄埃怀着满腔热血创作了《国际歌》(原名《国际工人联盟》),艺术地诠释了《共产党宣言》的革命精神。1888 年,皮埃尔·狄盖特为国际歌谱曲,这首共产主义的革命战歌开始在全世界广泛流传。许许多多仁人志士

慷慨激昂的《国际歌》

---

① 《马克思恩格斯选集》第 1 卷,人民出版社 1995 年版,第 307 页。

《国际歌》词作者欧仁·鲍狄埃（1816—1888）和曲作者皮
埃尔·狄盖特（1848—1932）

就是听着《国际歌》投身革命与解放事业，或者唱着《国际歌》慷慨赴义的。

最后，这是因为《共产党宣言》具有极强的理论预见力。

作为一部 19 世纪的作品，《共产党宣言》当然会"过时"。事实上，早在 1872 年德文版序言中，马克思恩格斯就明确指出："关于共产党人对待各种反对党派的态度的论述（第四章）虽然在原则上今天还是正确的，但是就其实际运用来说今天毕竟已经过时，因为政治形势已经完全改变"。① 但作为一部至今仍被人反复阅读的经典，《共产党宣言》的魅力就在于，资本主义的固有危机不断把它重新带回人们的视野中，并从中发现有关资本主义的新的惊人预见。

英国《经济学人》杂志专栏作家米尔克斯威特是一个自由主义者。在他看来，马克思是"自由主义的死敌"，但《共产党宣言》却对资本的全球化作出了成功的预言："关于这个特定的全球化时代，马克思立即会承认的事情之一是他最后发现的一个悖论：全球化越成功，它给予自己的后坐力就越大。这个过程与冲向沙滩的海浪确实不无相似之处：后浪击碎前浪，更有后

---

① 《马克思恩格斯选集》第 1 卷，人民出版社 1995 年版，第 249 页。

浪在后头。"① 也就是说，马克思当年提出的问题，即资本主义的前途与命运问题，依旧摆放在当代人面前："如何克服全球化表面上的坚不可摧与内在的虚弱之间的悖论，依旧是新的 21 世纪的最重要挑战。"②

9. 阶级和阶级斗争还存在吗？

阶级斗争是马克思政治学说的核心。在 1852 年的一封书信中，马克思说："无论发现现代社会中有阶级存在或发现各阶级间的斗争，都不是我的功劳。在我以前很久，资产阶级历史编纂学家就已经论述过阶级斗争的发展，资产阶级的经济学家也已经对各个阶级作过阶级上的分析。我所加上的新内容就是证明了下列几点：(1) 阶级的存在仅仅同生产发展的一定历史阶段相联系；(2) 阶级斗争必然导致无产阶级专政；(3) 这个专政不过是达到消灭一切阶级和进入无阶级社会的过渡……"。③ 支撑马克思得出上述新结论的是他在《共产党宣言》中所做的两个基本判断。一是资本主义社会的阶级结构将日益简单化与两极分化发展："我们的时代，资产阶级时代，却有一个特点：它使阶级对立简单化了。整个社会日益分裂为两大敌对的阵营，分裂为两大相互直接对立的阶级：资产阶级和无产阶级。"④ 二是无产阶级和资产阶级的阶级斗争日趋尖锐，最终导致革命甚至是战争，其最终结果是"资产阶级的灭亡和无产阶级的胜利是同样不可避免的"。⑤

不过，进入 20 世纪以后，特别是第二次世界大战结束以后，西方发达资本主义社会出现了若干与马克思的基本判断相背离的新变化、新趋势。

首先，阶级结构趋向复杂且具有高流动性。按照《共产党宣言》的判

---

① John Micklethwait and Adrian Wooldridge, *A Future Perfect: The Challenge and Hidden Promise of Globalization*, London: Heinemann,2000, p 343.

② John Micklethwait and Adrian Wooldridge, *A Future Perfect: The Challenge and Hidden Promise of Globalization*, London: Heinemann,2000, p.343.

③ 《马克思恩格斯选集》第 4 卷，人民出版社 1995 年版，第 547 页。

④ 《马克思恩格斯选集》第 1 卷，人民出版社 1995 年版，第 273 页。

⑤ 《马克思恩格斯选集》第 1 卷，人民出版社 1995 年版，第 284 页。

断，阶级结构应当是一个中间越来越细、两头越来越大的沙漏型。但这种理想形态即便是在十多年后也没有出现，以至于马克思自己也说："在英国，现代社会的经济结构无疑已经有了最高度的、最典型的发展。但甚至在这里，这种阶级结构也还没有以纯粹的形式出现。"[1]进入20世纪后，现实的情况是，马克思意义上的统治阶级和工人阶级数量都在下降，而马克思未曾重点讨论过的中间阶层数量却不断膨胀，阶级结构基本稳定成为一个两头小、中间大的橄榄型。更重要的是，阶级结构的流动性增强，垂直流动成为常态。

其次，作为统治阶级的资产阶级似乎"消失"了。在19世纪，资产阶级因为拥有和控制生产资料，最终通过经济权力控制了国家的政治权力，成为看得见摸得着的统治阶级。但进入20世纪以后，资产阶级逐渐从经济管理过程乃至国家的政治统治过程中淡出，相关统治职能日益由职业化的精英集团承担。同时，随着民主政治的发展，普通民众在国家政治生活中的作用显著提高。总之，原本作为统治阶级的资产阶级似乎"消失"了。

最后，工人阶级的革命性日益衰退。在马克思那里，工人阶级是一个天然的革命阶级。因为"过去的一切运动都是少数人的或者为少数人谋利益的运动。无产阶级的运动是绝大多数人的、为绝大多数人谋利益的独立的运动。无产阶级，现今社会的最下层，如果不炸毁构成官方社会的整个上层，就不能抬起头来，挺起胸来。"[2]但第二次世界大战结束以后，随着"丰裕社会"的来临，[3]工人阶级在经济上摆脱了绝对贫困，变得"有产"了，在意识形态上与资产阶级日益趋向，在政治上日益成为为自身的特殊利益斗争的普通阶级。正是基于这种变化，不少西方左派学者惊呼工人阶级消失了，并宣布"向工人阶级告别"。[4]

---

[1] 《马克思恩格斯选集》第2卷，人民出版社1995年版，第587页。

[2] 《马克思恩格斯选集》第1卷，人民出版社1995年版，第285页。

[3] 约翰·肯尼思·加尔布雷斯（1908—2006），美国经济学家。在1958年出版的《丰裕社会》一书中，他宣布美国已经进入丰裕社会，从而使包括马克思在内的传统经济学智慧失去了用武之地。

[4] 安德烈·高兹（1924—2007），法国左派知识分子。他从20世纪60年代开始关注发达资本主义社会的阶级结构问题，认为传统意义上的工人阶级不仅数量越来越少，而且已经不再是一个革命的阶级，由此提出"向工人阶级告别"。

　　那么，我们能否基于上述新变化、新趋势，就认为阶级和阶级斗争已经不存在了呢？英国政治学家拉尔夫·密里本德的回答是否定的。

　　密里本德认为，判断一个人属不属于工人阶级，就看他是否在资本主义的生产过程中处于雇佣地位，并且完成了某种生产职能，至于其是否以马克思当年所讲的体力劳动形式完成其职能，则并不重要。也就是说，密里本德根据现实的发展，扩大了对工人阶级概念的理解，超越传统意义上的"蓝领"工人范畴，将大量被认为社会学定义为中间阶级的新兴"白领"工人以及部分专业

　　拉尔夫·密里本德（1924—1994），英国工党左派，被认为是"英语世界最重要的马克思主义政治学家"。他的小儿子爱德华·密里本德曾任英国工党领袖。

技术人员包括了进来。① 当然，密里本德很清楚，并非所有中间阶级都能被划分为工人阶级。"'工人阶级'是'总体工人'中的那一部分人，他们生产剩余价值，处于附属地位，在收入的等级中处于最低等，在所谓'受人尊重的等级'中也处于最低等。"② 同时，是否经历了"无产阶级化"，则将"总体工人"中的新中间阶层与资本主义社会中的中间阶层即小资产阶级区分开来。尽管小资产阶级"包括为数众多的、各式各样的人，从他们还没有成为挣工资和薪金的人这点上说，他们还没有'无产阶级化'，因而不属于'总体工人'之列，尽管他们的确在履行一定的经济任务。"③

　　另一方面，密里本德运用美国左派学者米尔斯的权力精英学说，④ 分析

---

　　① "白领"泛指从事非体力劳动者。这个概念的流行得益于美国左派学者米尔斯（1916—1962）的名著《白领：美国的中产阶级》（1951）。

　　② ［英］密里本德：《马克思主义与政治学》，黄子都译，商务印书馆1984年版，第28页。

　　③ ［英］密里本德：《马克思主义与政治学》，黄子都译，商务印书馆1984年版，第29页。

　　④ 《权力精英》是米尔斯1956年出版的另外一部名著。在该书中，米尔斯力图解答一个问题，即谁在统治美国？他认为，"权力精英"可以更好地分析美国社会的权力状况。

工人阶级
的划分

了当代资本主义国家权力精英的构成与来源，证明权力精英的主体依旧由传统资产阶级构成，而非资产阶级出身的社会精英也将经历类似当年土地贵族经历过的"资产阶级化"，这决定了"国家首先并不可避免地是在这些社会中占统治地位的经济利益的卫士和捍卫者"，"它的'真正的'意图及使命是确保它的连续统治地位而不是妨碍它"。① 也就是说，尽管统治的实现形式变得多元化、民主化、文明化了，但资产阶级的阶级统治本身并没有发生改变。

既然无产阶级和资产阶级依旧存在，那么，它们之间的阶级差异、阶级对立和阶级斗争就必然存在，问题仅仅在于它们究竟会以何种形式表现出来。密里本德指出，阶级斗争和阶级统治具有多种表现形式，涉及经济、政治、意识形态、文化、生活方式等社会生活的各个层面。在当代发达资本主义社会，马克思时代那种阶级斗争，即政治的阶级斗争确实弱化了甚至基本停止了，但阶级斗争本身不仅没有熄灭，而且在新的、不太被人注意到的新形式下扩大化了。这种新形式就是由统治阶级发动的"自上而下的阶级斗争"："我称之为自上而下的阶级斗争实际上是由不同的角色发动的，——雇主、国家的权力拥有者、诸如政党这样的政治机构、院外游说集团、报刊以及其他许多自称'非政治的'（它们确实可能以为自己是非政治的）机构，等等——但是，它们无疑都导致阶级斗争。"② 此外，密里本德还认为第二次世界大战结束后，发达资本主义国家的阶级斗争还有一个新的变化就是国际化，即前者运用各种方式干涉别国政治进程的发展。

总之，密里本德认为，发达资本主义社会的阶级斗争绝没有终结，但是，现有阶级斗争也并没有导致马克思或马克思主义者们所期待的那种理想结果，因为那种"为了创造一个民主的、平等的、合作的无阶级社会的阶级

---

① Ralph Miliband, *The State in Capitalist Society*, London: Merlin Press,1999, pp.265—266.

② Ralph Miliband, *Divided Societies: Class Struggle in Contemporary Capitalism*, Oxford: Oxford University Press,1991, p.115.

斗争，几乎还没有开始"。[①]

10. 乌托邦理想依旧激动人心

1515 年至 1516 年间，英国人文主义学者兼政治家托马斯·莫尔（1478—1535）在出使欧洲期间用拉丁文创作了一部虚构作品。

该作品的原名很长，叫作《关于最完美的国家制度和乌托邦新岛的既有益又有趣的金书》，后人则将它简化为《乌托邦》。乌托邦（Utopia）是一个希腊语词。就词的构成而言，它的字面意思是"没有的"（"ou"）"地方"（"topos"）。在莫尔的笔下，这个没有的地方变成理想的、美好的国度。乌托邦也由此变成了一个双关词：既可指美好的理想，也可指不切实际的幻想。

1880 年，恩格斯应法国革命者的请求，将自己的三篇旧著改写成了一本通俗的小册子，翻译成法文以《乌托邦社会主义和科学社会主义》（Socialisme utopique et Socialisme scientifique）之名出版。其中，科学社会主义指的是恩格斯和马克思开创的社会主义传统，而乌托邦社会主义则指马克思主义之前的社会主义传统。由此，在马克思主义传统中，乌托邦更多地和不

托马斯·莫尔（1478—1535），英国的人文主义学者、政治家，英国历史上最伟大的 100 个名人之一。他的历史形象是多元的：他既因为创作了《乌托邦》被视为空想社会主义的创始人，又因为对天主教的忠诚，而在 1980 年被罗马天主教会册封为圣徒。

---

① Ralph Miliband, *Divided Societies: Class Struggle in Contemporary Capitalism,* Oxford: Oxford University Press, 1991, p.234.

切实际的空想联系到了一起，变成了一个贬义词。不过，在更广泛的意义上，人们依旧把科学社会主义理解为一种乌托邦，即一种不同于资本主义的美好社会。

那么，共产主义是一种怎样的美好社会呢？晚年恩格斯在回答一个类似提问时，认为《共产党宣言》第二章最后一句话是对此的最合适答案："代替那存在着阶级和阶级对立的资产阶级旧社会的，将是这样一个联合体，在那里，每个人的自由发展是一切人的自由发展的条件。"①在这种美好社会中，人们因为摆脱了阶级对立而获得了真正的平等和自由，从阶级的成员变成社会的个人，从而可以获得完全发展自己的才能的手段，以最符合自己的禀赋的方式来发现自己，实现自由。在《德意志意识形态》中，马克思恩格斯还曾以更加形象的方式描述过共产主义社会中的生活："在共产主义社会里，任何人都没有特殊的活动范围，而是都可以在任何部门内发展，社会调节着整个生产，因而使我有可能随自己的兴趣今天干这事，明天干那事，上午打猎，下午捕鱼，傍晚从事畜牧，晚饭后从事批判，这样就不会使我老是一个猎人、渔夫、牧人或批判者。"②一句话，共产主义"将给所有的人提供健康而有益的工作，给所有的人提供充裕的物质生活和闲暇时间，给所有的人提供真正的充分的自由"③。

十月革命胜利后，社会主义开始从理论变成现实。社会主义在苏联的发展既让人感受到了理想的美好，也让人觉察到了美好理想的虚幻甚至是残酷。于是，20世纪20年代初以后，一股反乌托邦的思潮开始悄然发端。这

根据奥威尔小说《动物庄园》改编的同名电影

其中影响最大的当属英国作家乔治·奥威尔（1903—1950）。奥威尔是一个社会主义者。1936年，在报道西班牙内战期间，他不仅被直接卷入战争，而且被卷入国际共产主义运动内部不同派别之间尖锐的甚至是残酷的倾轧，从而对苏联共产党、苏联社会主义产生强烈质疑。1945年，他出版寓言小

---

① 《马克思恩格斯选集》第4卷，人民出版社1995年版，第730页。

② 《马克思恩格斯选集》第1卷，人民出版社1995年版，第85页。

③ 《马克思恩格斯全集》第21卷，人民出版社1965年版，第570页。

说《动物庄园》，影射十月革命后的苏联共产党领导人窃取权力，在领导建设社会主义的过程中不断发生蜕变，最终蜕变成为和过去的统治阶级一样的剥削者，只不过是以共产主义之名进行剥削的博学者，而苏联也从人民心中的天堂破碎为新的阶级社会。1948 年，他又出版小说《1984》，影射、批判苏联本质上不过是一个新的集权主义国家。奥威尔的这两部小说强烈激发了人们对共产主义乌托邦的怀疑。

历史地看，在冷战开始以后，特别是在 1956 年新左派运动兴起以后，在西方人的心目中，作为乌托邦理想的共产主义已经因为苏联而黯然失色。不过，令人欣慰的是，乌托邦理想本身并没有熄灭，依旧在指引人们去探索非资本主义的美好未来。1962 年，一批美国青年在休伦港集会，通过了一份《休伦港宣言》，表达了他们对改变美国的资本主义现状的渴望。在宣言序言的结尾，他们写道："为现状寻求真正民主的替代物，承担对它们进行社会实验的义务，是有价值、能充分发挥才能的人类事业，这项事业今天推动我们前进，我们也希望它推动别人前进。正是在此基础上我们提出这份关

《休伦港宣言》由美国学生运动团体学生争取民主社会于 1962 年 6 月 15 日通过的宣言。休伦港是美国密歇根州的一个港口小镇。

于我们的信念和分析的文件，作为20世纪后期理解和改变人类状况的一种努力，它植根于这样一个古老的、至今尚未实现的设想——人获得左右自己生活环境的力量。"这种乌托邦理想当然不是共产主义的，但谁能否定它不是由共产主义乌托邦所激励出来的呢？

20世纪末，美国著名的现代思想史学者拉塞尔·雅各比①曾不无哀伤地宣布："乌托邦精神，即相信未来能够超越现在的这种观念，已经消失了。……甚少有人想象未来，它不过是今天的复制品而已，这复制品有时候比今天稍微好些，但是一般而言要比今天糟糕。出现了一种新的一致性看法：不存在其他选择。这就是我们这个时代，一个政治衰竭和退步的时代的智慧。"②我完全赞同雅各比对现状的描述，但不能同意他的判断。在我看来，乌托邦不是终结或者死去，只是陷入了暂时的沉睡，而它的沉睡不过是在等待下一次醒来，以全新的方式继续激励人们对于人类未来的超越性想象。

11.《共产党宣言》在中国的传播

1899年2月，上海的《万国公报》第121期上刊发了一篇题为《大同学》第一章《今世景象》的文章，文中写道："其以百工领袖著名者，英人马克思也。马克思之言曰：纠股办事之人，其权笼罩五洲，突过于君相之范围一国。吾侪若不早为之所，任其蔓延日广，诚恐遍地球之财币，必将尽入其手。然万一到此时势，当即系富家权尽之时。"这是马克思的名字第一次出现在中文报刊上，文中引文出自《共产党宣言》，现译为"资产阶级，由于开拓了世界市场，使一切国家的生产和消费都成为世界性的了。"③

《万国公报》是近代中国具有巨大影响的一份政治时事性刊物。它原名《教会新报》，1868年由美国传教士在上海创办，先为周刊，后改为月刊，

---

① 拉塞尔·雅各比，美国加州大学洛杉矶分校历史学教授，长于现代左派思想史研究，著有《最后的知识分子：学院时代的美国文化》、《不完美的图像：论反乌托邦时代的乌托邦思想》、《乌托邦之死：冷漠时代的政治与文化》等影响广泛的著作。

② [美]拉塞尔·雅各比：《乌托邦之死》，姚建彬译，新星出版社2007年版，第1—2页。

③ 《马克思恩格斯选集》第1卷，人民出版社1995年版，第275—276页。

1883 年因经济原因停刊，1889 年 2 月复刊，1907 年 7 月终刊。

　　该文的作者是谁？他为什么会在中国介绍马克思的思想呢？

　　《大同学》一文作者是英国传教士李提摩太。19 世纪 90 年代以后，李提摩太积极推动清政府的革新，是当时维新派的精神领袖。译介欧洲最新思潮是李提摩太影响中国的重要方式之一。《大同学》实际上是对英国社会学家本杰明·基德（Benjamin Kidd，1858—1916）1894 年出版的《社会进化》一书的节译。基德写该书的目的是想说明马克思的社会主义和赫伯特·斯宾塞（Herbert Spencer，1820—1903）的社会达尔文主义对未来社会的构想都存在缺陷，对于社会进化而言，真正重要的是宗教。也就是说，不管是基德，还是李提摩太，他们都不是马克思主义者甚至不是左派，但却在客观上共同促成了马克思及《共产党宣言》进入中国。

　　1889 年第二国际即"社会主义国际"（1889—1916）成立后，国际共产

《万国公报》

李提摩太（1845—1919）

主义运动日益发展壮大，成为欧美政治舞台上无法忽视的一支重要力量。以李提摩太的译介为主要中介，19 世纪末 20 世纪初，中国的各种进步政治力量都先后注意到了这一点，并以各种方式予以回应。在这个方面，以孙中山为代表的资产阶级革命派表现最为积极。事实上，1896 年居留伦敦期间，孙中山就读过《共产党宣言》等马克思主义著作，并深受影响。宋庆龄曾

赫伯特·斯宾塞（1820—1903），英国哲学家。斯宾塞也葬在海格特公墓，且墓地就在马克思墓的附近。

评论："就在这一海外活动时期，孙中山根据他当时的理解，制定了他的民族主义、民权主义和民生主义。他知道马克思和恩格斯，他也听到了关于列宁和俄国革命活动的消息。早在那个时候，社会主义就对他发生了吸引力。他敦促留学生研究马克思的《资本论》和《共产党宣言》并阅读当时的社会主义书刊。"[①] 在孙中山的影响下，马君武、朱执信、宋教仁、廖仲恺等资产阶级革命派都曾撰文或译文介绍《共产党宣言》及共产主义运动。

"十月革命"一声炮响，给中国送来了马克思列宁主义。以李大钊为代表的一批中国进步知识分子开始重新思考中国的前途和命运。时任北京大学图书馆主任的李大钊利用工作之便，购置马克思主义书籍，研究、宣传马克思主义，成为中国第一个马克思主义者。1918年，他用笔名在《每周评论》第16号上发表《共产党宣言》第二章的节译。1919年，他在《新青年》第5、6号上发表《我的马克思主义观》，其中第五、六部分介绍并摘译了《共产党宣言》的重要思想。这些都有力推动了《共产党宣言》在中国的传播。

1920年初，已经成为共产主义者的陈独秀在李大钊的护送下逃离北京，南下筹备建党事宜。为了进行理论准备，他从北京大学图书馆带走了一本英文版《共产党宣言》，后转交给在杭州任教的陈望道进行翻译。陈望道随即辞职返乡，于1920年4月根据日文版、参考英文版，完成了《共产党宣言》第一

陈望道译本《共产党宣言》

---

① 宋庆龄：《孙中山：坚定不移、百折不挠的革命家》，《人民日报》1966年11月13日。

个中文全译本的翻译。1920 年 8 月，在共产国际代表的资助下，该译本出版。该译本一经出版，便受到中国先进分子的热烈欢迎，仅至 1926 年 5 月，就印行了 17 版之多，其流传之广由此可见一斑。

陈望道（1891—1977），教育学家，语言学家。曾赴日本留学，为马克思主义在中国的传播做出了重要贡献。

在陈望道译本之后、1949 年之前，中国还先后出现过以下 5 种《共产党宣言》译本：

1. 华岗译本

这是中国共产党成立后组织翻译的第一个译本。该译本根据恩格斯亲自校阅的 1888 年英文版翻译，还首次翻译了《共产党宣言》的三个德文版（1872 年、1883 年、1890 年）序言。1930 年，该译本被伪装在《马克思主义的基础》一书中，以"上海社会科学研究社"的名义由上海华兴书局首次出版。

2. 成仿吾、徐冰译本

这是中国共产党公开组织翻译出版的第一个《共产党宣言》全译本，根据德文版翻译，1938 年由延安解放社首次出版。

3. 陈瘦石译本

这是非共产党人陈瘦石在国民党统治区公开出版的一个译本。该译本原本是陈瘦石翻译的《比较经济制度》的一个附录，后来也出版了单行版。

4. 博古译本

这是中国共产党理论家博古根据俄文版对成仿吾、徐冰译本重新校译形成的一个译本，1943 年延安解放社首次出版。这是 1949 年以前中国流传最广、印行最多、影响最大的一个译本。

5. 莫斯科译本

这是莫斯科苏联外国文书籍出版局于 1948 年用中文出版的《共产党宣

言》一百周年纪念版。该译本根据
《共产党宣言》1948 年德文原版译出，
包括正文和马克思、恩格斯为所写
的七篇序言，是当时内容最全、翻译
质量最高的一个译本，不过流传范围
很小。

　　1949 年中华人民共和国成立后，
中国还先后出现了《共产党宣言》的
6 个新译本，其中 5 个都是由 1953 年
正式成立的中共中央马克思恩格斯列
宁斯大林著作编译局重新校译完成。
该局目前正在举办"《共产党宣言》
在世界的传播"展览（2014 年 11 月
29 日至 2015 年 11 月 29 日），是世界

《共产党宣言》博古译本

范围内《共产党宣言》版本展览规模最大、种类最多的一次。

12. 第一代中国共产党人与《共产党宣言》

　　1881 年 2 月，俄国女革命者查苏利奇致信马克思，请求马克思谈谈她
对俄国历史发展的前景，特别是对俄国农村公社的命运的看法。马克思在复
信中明确指出，她在《资本论》中所揭示的"这一运动的'历史必然性'明
确地限于西欧各国"。① 也就是说，马克思当时并不认为社会主义革命会率
先俄国、中国等社会历史发展相对落后的东方国家发生。就此而言，她想象
不到《共产党宣言》究竟会在东方国家发挥怎样的历史效应。然而，就像列
宁在 1895 年评论的那样："（《共产党宣言》）这本书篇幅不多，价值却相当
于多部巨著，它的精神至今还鼓舞着、推动着文明世界全体有组织的正在进

_____

　　① 《马克思恩格斯选集》第 3 卷，人民出版社 1995 年版，第 774 页。

行斗争的无产阶级。"① 在中国，毛泽东、周恩来、朱德、邓小平、彭德怀等第一代中国共产党人都是在《共产党宣言》的影响下成为马克思主义者，领导中国完成救亡图存这一历史使命的。

1936 年，毛泽东在延安接受埃德加·斯诺（1905—1972）的访谈时回忆说："一九二〇年冬天……我第二次到北京期间，读了许多关于俄国情况的书。我热心地搜寻那时候能找到的为数不多的用中文写的共产主义书籍。有三本书特别深地铭刻在我的心中，建立起我对马克思主义的信仰。我一旦接受了马克思主义是对历史的正确解释以后，我对马克思主义的信仰就没有动摇过。这三本书是：《共产党宣言》，陈望道译，这是用中文出版的第一本马克思主义的书；《阶级斗争》，考茨基著；《社会主义史》，柯卡普著。到了一九二〇年夏天，在理论上，而且在某种程度的行动上，我已成为一个马克思主义者了，而且从此我也认为自己是一个马克思主义者了。"② 几年后，毛泽东又讲道："记得我在 1920 年，第一次看到了考茨基著的《阶级斗争》，陈望道翻译的《共产党宣言》和一个英国人写的《社会主义史》，我才知道人类自有史以来就有阶级斗争，阶级斗争是社会发展的原动力，初步地得到认识问题的方法论。"③ 据考证，毛泽东 1920 年在北京读的《共产党宣言》不是陈望道的译本，而应当是李大钊领导的北京大学马克思主义研究会翻译的油印本。不管是哪个译本，毛泽东终究在《共产党宣言》的指引下成为了一名马克思主义者，走上了革命的道路。值得一提的是，中华人民共和国成立后，毛泽东依旧坚持阅读《共产党宣言》，1956 年还曾研读过《共产党宣言》的英文版。

周恩来是第一代中国共产党人中最早接受《共产党宣言》影响的人之一。早在 1919 年日本留学期间，他就通过日本马克思主义者的著作知道了《共产党宣言》，1920 年 10 月赴法留学后，他和蔡和森、朱德、邓小平等人一起继

早期留法学生采访视频

---

① 《列宁选集》第 1 卷，人民出版社 1995 年版，第 93 页。
② ［美］斯诺：《西行漫记》，三联书店 1979 年版，第 131 页。
③ 毛泽东：《毛泽东文集》第 2 卷，人民出版社 1993 年版，第 378 页。

续学习《共产党宣言》，最
终成为共产主义者。回到
中国后，周恩来始终坚持
学习研究《共产党宣言》。
1975 年，也就是逝世前
一年，他还关心陈望道译
《共产党宣言》的第一版是
否找到。由周恩来介绍加
入中国共产党的朱德曾回
忆：当年在欧洲，正是"研
究和讨论了已经译成中文
的马克思主义文献《共产
党宣言》和共产主义的入
门书"，"从此开始走上了
新的革命旅程"①。晚年邓小
平也说："我的入门老师是
《共产党宣言》"。②

带有周恩来签名的《共产党宣言》成仿吾、徐冰
译本

与很多第一代中国共
产党人不同，彭德怀是在 1928 年革命低潮中加入中国共产党的。他之所以
能够做出这种无所畏惧的选择，是因为他在 1926 年就读了《共产党宣言》
等马克思主义著作，实现了向共产主义者的转变。他后来告诉斯诺："以前
我只是对社会不满，看不到有什么进行根本改革的希望。在读了《共产党宣
言》以后，我不再悲观，开始怀着社会是可以改造的新信念而工作。"③

那么，"明确地限于西欧各国"的《共产党宣言》何以能够在东方的
中国发挥如此巨大的思想解放作用呢？就像我们在前文中已经说过的那

---

① ［美］史沫特莱:《伟大的道路》，三联书店 1979 年版，第 150、179 页。
② 《邓小平文选》第三卷，人民出版社 1995 年版，第 382 页。
③ ［美］斯诺:《西行漫记》，三联书店 1979 年版，第 245 页。

样，《共产党宣言》虽然是为被资产阶级压迫的工人阶级创作的，但在其"征服"世界的过程中，它却在事实上激发了一切被压迫者的情感与激情。换言之，《共产党宣言》不仅是工人阶级进行抗争的《圣经》或"福音书"，而且是一切被压迫阶级进行抗争的《圣经》或"福音书"。在欧洲，它唤醒了无产阶级；在东方，它则给探索救亡图存之道的中国人指明了新的方向。

第四章
当代视野中的《资本论》

1. 马克思为什么写《资本论》?

2014 年，法国学者托马斯·皮凯蒂的《21 世纪资本论》，在全球范围内引起了不小的轰动。而关于这本书的讨论不由自主地使人想到了马克思的《资本论》。[①] 此外，"德国新电影"的灵魂人物亚历山大·克鲁格更

《资本论》
被搬上银幕

是将《资本论》搬上了银幕，拍成了长达 9 个半小时的电影，虽然没有全面展现《资本论》的深刻思想，但无疑证明了一点，即《资本论》依然具有不可磨灭的时代生命力。

作为马克思毕生

恩格斯编辑的《资本论》第 2 卷（1885）、《资本论》第 3 卷（1894）

---

① 关于《21 世纪资本论》与《资本论》的比较分析，请参见孙乐强《皮凯蒂为 21 世纪重写〈资本论〉了吗?》，《天津社会科学》2015 年第 3 期。

考茨基（1845—1938），德国社会民主党和第二国际领袖之一，著名政治家、社会活动家和理论家，后期曾受到新康德主义和拉萨尔主义的影响，偏离了马克思主义的发展道路。

的心血智慧和理论结晶，《资本论》共包括 4 卷，马克思生前只出版了第 1 卷（1867 年德文第一版、1872 年德文第二版、1872—1875 年法文版），在他逝世之后，恩格斯于 1885 年和 1894 年分别整理出版了第 2 卷和第 3 卷，1905—1910 年，考茨基分三册整理出版了《剩余价值学说史》。

那么，马克思为什么会写《资本论》呢？主要有两个方面的原因：

首先，是为无产阶级革命提供科学依据的内在需要。在马克思看来，无产阶级革命既不是基

于人性做出的推论，也不是超越历史进程，单纯依靠主体能动性人为制造出来的革命恐怖活动，而是以人类社会发展规律为客观前提的历史活动。马克思说："只有在现代生产力和资产阶级生产方式这两个要素互相矛盾的时候，这种革命才有可能"[1]。换言之，只有将无产阶级革命奠基于资本主义的内在矛盾之上，这种革命才具有现实可能性。离开客观逻辑，抽象地谈论阶级斗争，或者说，单纯从主体能动性的角度引出阶级斗争，都是

考茨基编的《剩余价值学说史》

---

[1]　《马克思恩格斯选集》第 4 卷，人民出版社 1995 年版，第 207 页。

非法的。这是马克思对生产力和生产关系矛盾运动与阶级斗争内在关系的科学认知，也是历史辩证法的精髓所在，离开了这一点，就无法真正把握马克思革命理论的精神实质，更无法将其与革命的庸俗派和唯意志论者区别开来。因此，马克思清楚地意识到，要想为无产阶级革命提供科学依据，就必须实现对资本主义发展规律和生理机制的科学解剖。因此，在成为一名共产主义者之后，他用尽毕生精力来从事资本主义批判研究，而《资本论》正是他呕心沥血的研究结晶。在这一著作中，马克思研究了"资本主义生产方式以及和它相适应的生产关系和交换关系"，揭示了"现代社会的经济运动规律"①，为工人的阶级斗争提供了科学指南。就此而言，《资本论》的出场绝不是偶然的，而是马克思"为我们的党取得科学上的胜利"②所进行的长期探索的理论结晶，也是他政治导向和实践旨趣的集中体现。

其次，是客观形势和理论深化的必然结果。马克思在1856年曾预言资本主义将爆发一场大的经济危机，1857年秋，这场危机如期爆发，它首先发端于美国，并迅速蔓延到英国和欧洲大陆。这次危机的爆发促使马克思夜以继日地工作，"为的是在洪水之前至少把一些基本问题搞清楚"③，而这次研究的结晶，就是后来的《1857—1858年经济学手稿》。但遗憾的是，它并没有像马克思预料的那样带来一场"汹涌澎湃的革命高潮"。这促使马克思不得不重新反思自己的判断，继续从事理论研究，并先后写下了《政治经济学批判（第一分册）》（1859）、《1859—1861年经济学手稿》、《1861—1863年经济学手稿》、《1863—1867年经济学手稿》等著作。随着研究的不断深化，研究计划也不断调整，从原来的"五篇计划"调整为"六册计划"，最终转变为"三卷四册"结构，形成相对完善的理论体系。从这个角度而言，《资本论》本身就是马克思理论研究不断深化的必然产物。

---

① 《马克思恩格斯全集》第44卷，人民出版社2001年版，第8、10页。
② 《马克思恩格斯全集》第29卷，人民出版社1972年版，第554页。
③ 《马克思恩格斯全集》第29卷，人民出版社1972年版，第219页。

五篇计划	《〈1857—1858 年经济学手稿〉导言》
六册结构	1858 年 2 月 22 日马克思致拉萨尔的信 1858 年 4 月 2 日致恩格斯的信 1859 年 2 月 1 日致魏德迈的信 1859 年《〈政治经济学批判。第一分册〉序言》
三卷四册	1866 年 10 月 13 日致库格曼的信 1867 年《资本论》第一版序言

　　《资本论》在整个工人运动上具有无比辉煌的理论意义和实践价值。它的出现，对西欧乃至世界无产阶级革命，都产生了不可磨灭的影响。如恩格斯所言："自地球上有资本家和工人以来，没有一本书像我们面前这本书那样，对于工人具有如此重要的意义。"[①] 德国社会民主党领袖弗·梅林将其称为"共产主义的圣经"。1886 年，恩格斯在《资本论》英文版序言中再次肯定了这一著作的历史意义："《资本论》在大陆上常常被称为'工人阶级的圣经'。任何一个熟悉工人运动的人都不会否认：本书所作的结论日益成为伟大的工人阶级运动的基本原则，不仅在德国和瑞士是这样，而且在法国，在荷兰和比利时，在美国，甚至在意大利和西班牙也是这样；各地的工人阶级都越来越把这些结论看成是对自己的状况和自己的期望所作的最真切的表述。"[②]

弗·梅林（1846—1919），德国社会民主党领袖、著名社会活动家、理论家、历史学家，主要代表作有《马克思传》、《德国社会民主党史》等。

　　西方主流经济学对《资本论》的态度也经历了一个变化：在《资本论》发表伊始，西方主流报刊并没有给予普遍

[①] 《马克思恩格斯全集》第 16 卷，人民出版社 1964 年版，第 263 页。

[②] 《马克思恩格斯全集》第 44 卷，人民出版社 2001 年版，第 34 页。

的反击，而是纷纷选择沉默的方式来应对科学共产主义的理论成果，企图"用沉默置《资本论》于死地"①，这使马克思感到非常不安。随着《资本论》的广泛传播，主流经济学再也无法忽视《资本论》的影响，纷纷放弃沉默策略，开始公开批判《资本论》，洛贝尔图斯、庞巴维克、洛里亚都是这一时期的重要代表。20 世纪 60 年代以来，西方资本主义国家出现了经济停滞现象，主流经济学无法做出令人信服的解释，他们不得不从《资本论》中寻求理论资源，一时间出现了"马克思主义复兴的热潮"，虽然他们也批判马克思，但在事实面前，他们不得不承认《资本论》的生命力。熊彼特指出："就马克思的理论体系而言，这样的反面评价甚至正确的驳斥，不但不会给予它致命的伤害，只会有助于显示出这个理论结构的力量。"②萨缪尔森曾经

洛贝尔图斯（1805—1875），德国庸俗经济学家和政治活动家，普鲁士"国家社会主义"理论家。他认为马克思的剩余价值理论完全剽窃了他的思想。主要代表作有《工人阶级的要求》、《关于德国国家经济状况的认识》等。

庞巴维克（1851—1914），维也纳大学经济学教授、奥地利学派主要代表人物之一。主张用边际效应论取代马克思的劳动价值论、用利息时差论代替马克思的剩余价值理论，主要代表作有《资本与利息》、《马克思及其体系的终结》等。

洛里亚（1857—1943），意大利社会学家和经济学家，庸俗政治经济学的代表人物之一，极力歪曲马克思的唯物史观和剩余价值理论，主要著作有《关于政治制度的经济学》等。

---

① 《马克思恩格斯全集》第 44 卷，人民出版社 2001 年版，第 18 页。

② ［美］熊彼特：《资本主义、社会主义与民主》，商务印书馆 2014 年版，第 43 页。

将马克思主义称为"鸦片"，但后来他不得不承认："马克思在他死后发表的《资本论》第二卷中，的确创新了两大部类的再生产和经济增长的模式。"①自21世纪，特别是2008年金融危机以来，《资本论》更是成为西方主流经济学无法忽视的经典之作。

2. 什么是"政治经济学批判"?

在1857—1858年写的经济学手稿中，马克思在最后一个笔记本（第七笔记本）的封面上，亲笔写下了《政治经济学批判（续）》的题名。

这表明，马克思一开始时是打算用"政治经济学批判"来命名他的经济学巨著的，并于1859年出版了《政治经济学批判》第1分册。随后马克思开始着手第2分册的写作。但随着理论研究的逐步深入，他对第2分册作了一些调整，力图"以《资本论》为标题单独出版，而《政治经济学批判》这个名称只作为副标题"②出现，这也就是后来独立出版的《资本论》。从这个角度而言，不论是作为正标题还是副标题，"政治经济学批判"无疑代表了马克思对他的"鸿篇巨著"的根本定性。

那么，何谓"政治经济学批判"呢？要回答这一问题，首先要搞清楚什么是"政治经济学"。从

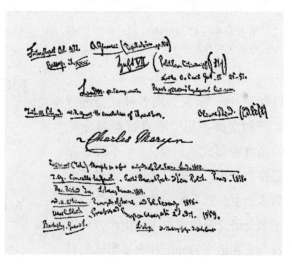

"第七笔记本"封面

---

① Samuelson,"Marxian Economics as Economics"，*American Economic Review*, May 1956.

② 《马克思恩格斯全集》第30卷，人民出版社1974年版，第636页。

蒙克莱田（1576—1621），法国重商主义经济学家和剧作家。

词源来看，政治经济学这一概念主要是由法国重商主义经济学家蒙克莱田提出来的。在 1615 年出版的《献给国王和王太后的政治经济学》中，他最先使用了这一概念，用以指称一种与以往的家庭经济学不同的社会经济学或国民经济学。

从这个角度而言，所谓国民经济学只不过是政治经济学的另一种称谓。恩格斯指出，政治经济学可以分为两个层次：一是广义政治经济学，即"研究人类社会中支配物质生活资料的生产和交换的规律的

科学"，或"研究人类各种社会进行生产和交换并相应地进行产品分配的条件和形式的科学"。[①] 不过，在恩格斯看来，这种广义的政治经济学尚未产生。二是狭义政治经济学，它主要是研究现代资本主义生产方式以及与它相适应的分配和交换形式的科学。作为这样一种学科，政治经济学绝不是从来就有的，而是现代资本主义生产方式发展的历史产物。马克思

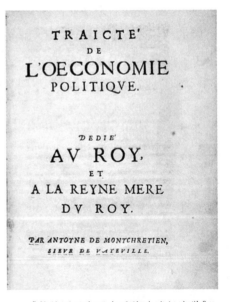

《献给国王和王太后的政治经济学》

---

① 《马克思恩格斯全集》第 20 卷，人民出版社 1971 年版，第 160、163 页。

威廉·配第（1623—1687），英国经济学家和统计学家，英国古典政治经济学的创始人。代表作有《赋税论》、《政治算术》、《货币略论》等。

布阿吉尔贝尔（1646—1714），法国古典政治经济学的创始人、重农学派的先驱。主要著作有《法国详情》、《论财富、货币和赋税的性质》等。

西斯蒙第（1773—1842），法国古典政治经济学的完成者，经济浪漫主义的奠基人。代表作有《政治经济学新原理》、《政治经济学研究》等。

李嘉图（1772—1823），英国资产阶级政治经济学最著名的代表人物，也是古典政治经济学的完成者，代表作《政治经济学及赋税原理》。

说：“政治经济学作为一门独立的科学，是在工场手工业时期才产生的”①，它“在英国从威廉·配第开始，到李嘉图结束，在法国从布阿吉尔贝尔开始，到西斯蒙第结束。”②

那么，马克思为什么会用“政治经济学批判”来命名自己的著作呢？我认为，主要包括四个方面的原因：

第一，从理论维度来看，这是将政治经济学从资产阶级意识形态中解放出来，使之成为一门真正科学的迫切需要。与庸俗经济学不同，古典政治经济学力图透过事物的外在表象，来揭示资本主义经济制度的隐蔽结构，这一点构成了古典政治经济学的独特贡献。

关于古典政治经济学与庸俗经济学的区别，马克思指出：“我所说的古典政治经济学，是指从威廉·配第以来的一切这样的经济学，这种经济学与庸俗经济学相反，研究了资产阶级生产关系的内部联系。而庸俗经济学却只是在表面的联系内兜圈子，它为了对可以说是最粗浅的现象作出似是而非的解释，为了适应资产阶级的日常需要，一再反复咀嚼科学的经济学早就提供的材料。在其他方面，庸俗经济学则只限于把资产阶级生产当事人关于他们自己的最美好世界的陈腐而自负的看法加以系统化，赋以学究气味，并且宣布为永恒的真理。”③庸俗经济学是资产阶级政治经济学的一个发展阶段，产生于 18 世纪末，结束于 19 世纪 70 年代，主要代表人物有西尼尔、穆勒、萨伊、马尔萨斯等。

但由于他们的政治立场和方法论上的不彻底性，使得政治经济学尚未摆脱资产阶级意识形态的束缚，成为一门真正的科学。马克思说：“只要政治经济学是资产阶级的政治经济学，就是说，只要它把资本主义制度不是看作历史上过渡的发展阶段，而是看作社会生产的绝对的最后的形式，那就只有在阶级斗争处于潜伏状态或只是在个别的现象上表现出来的时候，它还能够是科学。”④一旦资本主义的社会矛盾充分爆发了出来，政治经济学就会遭遇

---

① 《马克思恩格斯全集》第 44 卷，人民出版社 2001 年版，第 422 页。
② 《马克思恩格斯全集》第 31 卷，人民出版社 1998 年版，第 445 页。
③ 《马克思恩格斯全集》第 44 卷，人民出版社 2001 年版，第 99 页。
④ 《马克思恩格斯全集》第 44 卷，人民出版社 2001 年版，第 16 页。

自身不可克服的内在界限。从这个角度而言，政治经济学批判首先意味着"对全部经济学文献的批判"①，将它从经济学家的意识形态中解放出来，使之成为一门真正的科学。而《剩余价值学说史》无疑就是这一任务的根本实现。

第二，从现实维度来看，这是科学解剖资本主义生理机制的客观需要。在马克思看来，资本主义社会"是一个着了魔的、颠倒的、倒立着的世界"，各种外在假象深深遮蔽了资本主义的本质关系。马克思不由地感慨道："如果事物的表现形式和事物的本质会直接合而为一，一切科学就都成为多余的了"②。因此，要想科学解剖资本主义的生理机制，就必须采取"政治经济学批判"，层层剥离那些外在假象，"把可以看见的、仅仅是表面的运动归结为内部的现实的运动"。从这个角度而言，政治经济学批判必然意味着对资本主义现实本身的批判。

第三，从政治立场来看，这是建构无产阶级政治经济学的内在需要。恩格斯指出："经济学所研究的不是物，而是人和人之间的关系，归根到底是阶级和阶级之间的关系"③。古典政治经济学家完全站在统治阶级的立场上，为资本主义制度进行辩护。而作为无产阶级的政治经济学，必然要对这一立场进行彻底批判。"就这种批判代表一个阶级而论，它能代表的只是这样一个阶级，这个阶级的历史使命是推翻资本主义生产方式和最后消灭阶级。这个阶级就是无产阶级。"④ 因此，作为无产阶级的政治经济学，《资本论》必然意味着对"副本"和"原本"的双重批判，即对资产阶级政治经济学和资本主义生产方式的双重批判。

最后，从最终旨趣来看，这是彻底终结政治经济学的必然要求。作为一门学科，政治经济学绝不是从来就有的，而是资本主义生产方式发展到一定历史阶段的特定产物。因此，随着资本主义生产方式的终结，政治经济学也必将走到

政治经济学批判是终结政治经济学的必然要求

① 《马克思恩格斯全集》第13卷，人民出版社1965年版，第529页。
② 《马克思恩格斯全集》第46卷，人民出版社2003年版，第925页。
③ 《马克思恩格斯全集》第13卷，人民出版社1965年版，第533页。
④ 《马克思恩格斯全集》第44卷，人民出版社2001年版，第18页。

尽头。就此而言，"政治经济学批判"绝不只意味着对资产阶级政治经济学的批判，而且也意味着对政治经济学本身的批判。它的根本目标是要实现人类的彻底解放，因此，它必然要从根基上彻底终结一切政治经济学。

基于上述分析，可以看出，政治经济学批判不仅体现了马克思学说的科学性，而且也体现了它的阶级性，是二者的辩证统一。它对后来的西方马克思主义和西方左派政治经济学都产生了重大影响。

3. 什么是财富的源泉？

15—16 世纪，随着美洲和通往东印度的航线的发现，资产阶级工商业获得了空前的发展；而冒险的远征和殖民地的开拓，则进一步促进了资本主义工商业的发展。马克思说："美洲金银产地的发现，土著居民的被剿灭、被奴役和被埋葬于矿井，对东印度开始进行的征服和掠夺，非洲变成商业性地猎获黑人的场所——这一切标志着资本主义生产时代的曙光。"[①] 西欧社会

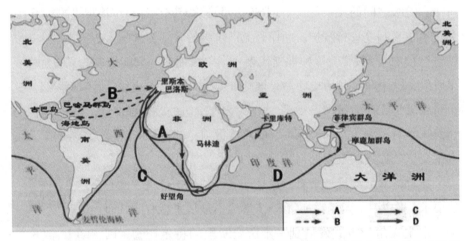

1487—1488 年，葡萄牙人迪亚士开辟了沿非洲西海岸到达好望角的新航线（航线 A）；1492—1502 年，在西班牙王室的支持下，哥伦布先后 4 次远航，发现了美洲新大陆，开辟了横跨大西洋通往美洲的新航线（航线 B）；1497—1498 年，达·伽马从欧洲出发，绕过非洲好望角，开辟直接通往印度的航线（航线 C）；1519—1522 年麦哲伦的环球航行，开辟从欧洲出发，绕过南美洲，穿越太平洋，到达东印度的航线（航线 D）。

[①] 《马克思恩格斯全集》第 44 卷，人民出版社 2001 年版，第 860—861 页。

也由此摆脱了以农业为主的自然经济模式，开启了向商品经济全面转型的新阶段。也是在此背景下，财富的生产和来源问题，成为当时资产阶级经济学讨论的核心话题。

重商主义认为，货币是财富的唯一代表，而财富则是在流通中贱买贵卖的结果。与此相比，晚期重商主义则前进了一步，"把财富的源泉从对象转到主体的活动——商业劳动和工业劳动"①上，不过，他们在整体逻辑上并没有摆脱流通决定论的谬误。重农学派首先迈出了重要一步，把财富的源泉由流通领域转移到生产领域，将其理解为劳动的产物，实现了流通范式到生产范式的重要转变。也是基于此，马克思把以魁奈为代表的重农学派视为"标志着科学新阶段的体系"②。但是这种进步又是不彻底的，由于历史时代的限制，他们仅仅把劳动理解为农业劳动，这样无形之中，也就把"自然"和"土地"理解为财富的最终来源。

> 重商主义是16—17世纪西欧资本原始积累时期的一种经济理论或经济体系，主要体现了商业资产阶级的利益诉求和理论观点。

重农学派是18世纪50—70年代的法国资产阶级古典政治经济学学派，它们崇尚自然秩序，追求自由放任的经济政策，将农业视为财富的唯一源泉，主要代表人物有魁奈、杜尔哥等。

而真正迈出决定性一步的，则是以斯密和李嘉图为代表的古典政治经济学。在《国民财富的性质和原因的研究》中，斯密撇开了一切劳动的特殊规定性，直接将"劳动一般"宣布为财富的源泉，将财富的本质由原来的外在对象转移到内在劳动之中，创立了劳动价值论，堪称"政治经济学中的马丁·路德"（恩格斯语）。不过，可惜的是，斯密在劳动价值论的理解上并没有贯彻到底，而是采取了双重标准：在资本积累和土地私有制产生之前，价值是由商品包含的内在劳动量决定的；一旦出现了资本积累和土地私有

---

① 《马克思恩格斯全集》第30卷，人民出版社1995年版，第45页。
② 《马克思恩格斯全集》第26卷第1册，人民出版社1972年版，第24页。

制，商品的价值将不再由内在劳动量决定，而是由它在市场上交换到的劳动量（工资）来决定。这严重损伤了斯密理论的严密性。作为古典政治经济学的最终完成者，李嘉图彻底斩断了斯密的第二种尺度，将劳动价值论推进到一个全新的高度。马克思评价道："李嘉图的伟大功绩，就在于他在 1817 年出版的自己那部'政治经济学原理'中，把那种认为'价格由工资来决定'的流行已久的陈旧不堪的虚伪学说完全粉碎了"。[①]

魁奈（1694—1774），法国重农学派的创始人，代表作有《经济表》等。

马丁·路德（1483—1546），德国神学家，宗教改革运动的活动家，德国新教路德宗的创始人。他改革的重要内容之一，就是把宗教笃诚由原来的外在对象转移到人的内心世界之中。

古典经济学的劳动价值论，开辟了一条理解资本主义制度的新思路，在社会认识论方面具有重大的原创意义。然而，他们的缺陷也是非常明显的：第一，虽然他们揭示了价值财富的源泉，即劳动，但他们却把物质财富和价值财富混淆在一起了，将劳动视为物质财富的唯一源泉，这恰恰是

---

① 《马克思恩格斯全集》第 16 卷，人民出版社 1964 年版，第 134 页。

错误的。第二，由于他们把劳动理解为商品，因而无法解决资本和劳动的交换与价值规律的"矛盾"问题。第三，由于他们把价格直接等同于价值，因而也无法解决价值规律与平均利润学说之间的"矛盾"问题：根据劳动价值论，利润同劳动成正比，等量资本可以得到不同的利润；而根据平均利润学说，利润不再同劳动成正比，而是与资本成正比，等量资本可以得到等量利润。

　　而这些问题则是由马克思解决的。首先，他揭示了商品的二重性，创立了劳动二重性理论。马克思说："古典政治经济学在任何地方也没有明确地和十分有意识地把表现为价值的劳动同表现为产品使用价值的劳动区分开"，[①] 而这种区分首先是"由我批判地证明的。这一点是理解政治经济学的枢纽"[②]。生产使用价值的劳动是有用的具体劳动，而生产价值的劳动则是无差别的抽象劳动。因此，就物质财富或使用价值而言，劳动并不是财富的唯一源泉，"自然界和劳动一样也是使用价值（而物质财富本来就是由使用价值构成的！）的源泉"[③]，犹如威廉·配第所说："劳动是财富之父，土地是财富之母。"[④]

　　其次，马克思实现了从劳动到劳动力商品的转变，创立了剩余价值理论，实现了政治经济学的划时代革命。在马克思看来，劳动只是价值的实体和内在尺度，它本身却不具有任何价值。在市场上真正作为商品出现的不是劳动，而是工人的劳动力。在生产过程中，工人一方面把自己的工资生产了出来，同时也生产出一个额外的价值，马克思把后者称为"剩余价值"。这一理论揭示了，工人才是整个价值财富的创造者，资本家只是窃取了工人的劳动成果而已。不是资本家养活了工人，而是工人养活了资本家和其他一切寄生阶级。

马克思揭秘"剩余价值"

　　再次，马克思以劳动价值论为基础，诠释了从价值到生产价格的转型

---

　　① 《马克思恩格斯全集》第 44 卷，人民出版社 2001 年版，第 98 页。

　　② 《马克思恩格斯全集》第 44 卷，人民出版社 2001 年版，第 55 页。

　　③ 《马克思恩格斯全集》第 19 卷，人民出版社 1963 年版，第 15 页。

　　④ William Petty, *A Treatise of Taxes and Contributions,* London: Brooke, 1667, p.47.

伯恩施坦（1850—1932），第二国际修正主义和民主社会主义的鼻祖，代表作有《社会主义的前提和社会民主党的任务》等。

问题。马克思指出，由于竞争的存在，不同部门的利润必然会转化为一般利润或平均利润，即每个资本，不仅包括产业资本，而且也包括商业资本，都以自己的份额参与总剩余价值的分配，从而形成了所谓的生产价格，它是成本价格、产业利润和商业利润的总和。在这一过程中，价值仍然起着基础性的决定作用，"如果我们不以价值规定为基础，那么，平均利润，从而费用价格，就都成了纯粹想象的、没有依据的东西"，没有"价值决定于劳动时间"这一规定，"平均利润就是无中生有的平均，就是纯粹的幻想"[1]，而生产价格就丧失了存在的合法性依据。

可以说，自《资本论》发表以来，西方学界对劳动价值论的批判就没有停止过，从杰文斯、帕累托和庞巴维克，到修正主义"鼻祖"伯恩施坦，他们纷纷用边际效应理论来否定或调和马克思的劳动价值论，认为后者是一种纯粹的理论虚构，根本无法解决从价值到价格的转化问题。

边际效用理论是庸俗经济学的典型体现。它认为，商品的价值是由它对人的欲望满足程度或效用决定的，每增加一个单位的同类商品，它

---

① 《马克思恩格斯全集》第26卷第2册，人民出版社1973年版，第210页。

所增加的效用就会不断递减，它的价值也就随之不断下降。这一流派主要包括以门格尔、维塞尔和庞巴维克为代表的奥地利学派，以杰文斯、瓦尔拉、帕累托为代表的洛桑学派，以及以维克塞尔为代表的瑞典学派或北欧学派。

更有甚者，一些学者，比如奥斯卡·兰格、罗宾逊夫人和萨缪尔森等人认为，劳动价值论是一个不必要的弯路，甚至是马克思体系的一个"毒瘤"。英国经济学家斯拉法在《用商品生产商品》（1960）一书中，绕开了劳动价值论，重新建构一套全新的价值理论。那么，马克思的劳动价值论真的可以忽视吗？在这方面，英国经济学家罗纳德·米克的研究也许更具有启发意义，他在《劳动价值学说的研究》中对上述批判一一做了回应，证明了马克思劳动价值论的科学性，用他自己的话来说，就是证明了"劳动价值学说不仅在马克思时代是真正的科学，就是在今天来讲也是真正的科学。"①

4. 贫富差距为什么会加剧？

在经济全球化日益发展的今天，全球财富的分配状况如何？贫富差距是进一步扩大了还是缩小了？财富是否越来越聚集到少数人的手中？对于这些问题，当代西方经济学家们纷纷做出了解答。在《不平等的代价》中，诺贝尔经济学奖得主约瑟夫·E.斯蒂格利茨指出，"已为公众所知的市场经济最黑暗的一面就是大量的并且日益加剧的不平等，它使得美国的社会结构和经济的可持续性都受到了挑战：富人变得愈富，而其他人却面临着与美国梦不相称的困苦。"② 截至2007年，美国社会最上层的0.1%的家庭所拥有的收入是社会底层90%的家庭平均收入的220倍，而最富有的1%人群拥有的财富超过国家财富的1/3。而在《21世纪资本论》中，法国学者皮凯蒂通过对过

---

① Ronald Meek, *Studies in the Labour Theory of Value,* London: Lawrence & Wishart,1979, Preface to first edition.

② ［美］斯蒂格利茨：《不平等的代价》，张子源译，机械工业出版社2014年版，第1章第3页。

去 300 年来欧美国家财富收入数据的详细研究，进一步证明了贫富差距不仅在欧美国家内部日益加剧，而且在全球范围内也日趋扩大。当前，全球最富有的 0.1% 的人群约拥有全球财富的 20%，最富有的 1% 约拥有 50%，而最富有的 10% 约拥有全球财富总额的 80%—90%。[1] 这表明，不仅在欧美国家内部，而且就全球范围而言，财富正以越来越快的速度聚集到少数人手中。

那么，贫富差距为什么会日益加剧呢？皮凯蒂认为，根源在于资本的收益率（r）远远高于收入的增长率（g），并将它视为"资本主义的核心矛盾"。那么，资本的收益率为什么会高于收入的增长率呢？皮凯蒂并没有给出进一步的回答。实际上，这只是从分配入手做出的一种解释，并没有从根本上揭示这种不平等加剧的内在根源。马克思说："分配的结构完全决定于生产的结构……就对象说，能分配的只是生产的成果，就形式说，参与生产的一定方式决定分配的特殊形式，决定参与分配的形式。"[2] 资本收益率之所以远远高于收入增长率，根本原因不在于分配本身，而是在于资本主义的生产关系。就此而言，斯蒂格利茨的判断与马克思存在一致之处，在他看来，财富分配不平等之所以加剧，根本原因在于资本主义的经济制度和政治体制本身！从这个角度而言，《资本论》依然能够为我们理解财富分配不平等问题提供重要指南。

早在两百多年前，卢梭就曾尖

卢梭（1712—1778），法国 18 世纪著名的启蒙思想家、哲学家、教育家，代表作《论人类不平等的起源和基础》、《社会契约论》、《爱弥儿》、《忏悔录》等。

---

[1] Thomas Piketty, *Capital in the Twenty-First Century*, Cambridge, MA: the Belknap Press,2014, P.438.

[2] 《马克思恩格斯全集》第 30 卷，人民出版社 1995 年版，第 36 页。

锐地指出，私有制是不平等产生的根源。但卢梭并没有区分两种不同的私有制，"一种以生产者自己的劳动为基础，另一种以剥削他人的劳动为基础。"①而资本主义私有制正是"在前者的坟墓上成长起来的"，它通过赤裸裸的暴力，剥夺了直接生产者的资料，为资本主义生产奠定了坚实基础。马克思将这种剥夺称为资本的"原始积累"。

INSPECTION AND SALE OF A NEGRO.

西方资本主义原始资本积累最重要的途径之一：奴隶贸易。

因此，从起源来看，资本一开始就是建立在对他人劳动的掠夺之上的。也正是基于此，马克思说："资本来到世间，从头到脚，每个毛孔都滴着血和肮脏的东西。"②这也决定了，资本绝不是一种物，而是一种以剥削他人为基础的生产关系。这一点构成了整个资本主义制度的经济基础。马克思说："我们称为资本主义生产的是这样一种社会生产方式，在这种生产方式下，

---

① 《马克思恩格斯全集》第 44 卷，人民出版社 2001 年版，第 876 页。
② 《马克思恩格斯全集》第 44 卷，人民出版社 2001 年版，第 871 页。

生产过程从属于资本，或者说，这种生产方式以资本和雇佣劳动的关系为基础，而且这种关系是起决定作用的、占支配地位的生产方式。"[①]因此，资本主义制度的根本目的，绝不是为了满足大众的生活需要，而是为了最大限度地攫取剩余价值。

为了达到这一目的，资本必然会动用一切能够动用的力量，在全球范围内掠夺财富，而国家必然会被资本权力所绑架，沦为保护资本利益的一种

资本积累的过程和一般规律

"虚幻共同体"。也正是基于此，马克思断言，随着资本积累的不断发展，财富将会源源不断地从底层流向上层、从外围流向中心国，最终聚集到少部分人手中，"在一极是财富的积累，同时在另一极，即在把自己的产品作为资本来生产的阶级方面，是贫困、劳动折磨、受奴役、无知、粗野和道德堕落的积累"，"这就是资本主义积累的绝对的、一般的规律"。[②]

巴西的贫民窟和富人区的明显反差

---

① 《马克思恩格斯全集》第47卷，人民出版社1979年，第151页。
② 《马克思恩格斯全集》第44卷，人民出版社2001年版，第743—744、742页。

由此可见，在马克思看来，财富分配之所以出现两极分化，根本原因不在于分配本身，而是根源于资本或资本主义的生产关系。虽然这一判断是在 19 世纪 60 年代针对自由竞争资本主义做出的，但不可否认，它对于理解当代资本主义的财富积累和分配问题，依然具有重要的启示价值。虽然皮凯蒂和斯蒂格利茨的研究，为我们提供了一些新的思想，但他们并没有从根本上推翻或超越马克思的结论，而只是用更加翔实的数据和资料，证实了马克思的判断。而大卫·哈维正是从马克思的这一分析入手，提出了"剥夺性积累"概念，揭示了"新帝国主义"的运行逻辑，为我们理解贫富差距问题，提供了新的理论框架。从这个角度而言，马克思的论断依然没有过时。

5. 经济危机为什么会反复爆发？

纵观资本主义发展历程，经济危机始终如影随形。每隔一段周期，资本主义国家都会发生或大或小的经济危机，其中影响比较大的有：1825 年英国爆发的第一次普遍危机、1857 年爆发的第一次世界性经济危机、1929—1933 年世界经济大萧条、1957—1958 年的经济危机、1973—1975 年的石油危机、1997 年的亚洲金融危机以及 2008 年的全球金融危机，等等。面对这些状况，西方主流经

1929 年经济危机期间美国的失业工人游行

济学家始终无法做出令人信服的解答，他们不得不一次又一次地回到马克思的《资本论》中寻求理论借鉴。这充分表明，《资本论》依然具有鲜活的当代生命力。

在《资本论》中，马克思将经济危机产生的原因划分为两种类型：一是剩余价值的生产，一是剩余价值的实现。

从剩余价值的生产来看，这表现为由一般利润率趋于下降规律和资本积累规律引发的内在危机。马克思指出："利润率下降和积累的加速，就二者都表现生产力的发展来说，只是同一个过程的不同表现。积累，就引起劳动的大规模集中，从而引起资本构成的提高来说，又加速利润率的下降。另一方面，利润率的下降又加速资本的积聚，并且通过对小资本家的剥夺，通过对那些还有一点东西可供剥夺的直接生产者的最后残余的剥夺，来加速资本的集中。"[①] 它们共同表明，资本生产永远无法克服生产力的绝对限制。

首先，就一般利润率趋于下降规律而言，马克思指出，随着资本主义生产力的迅速发展，可变资本同不变资本，以及同总资本的比率将不断下降，"由此产生的直接结果是：在劳动剥削程度不变甚至提高的情况下，剩余价值率会表现为一个不断下降的一般利润率。"[②] 尽管存在多种因素（劳动剥削程度的提高、工资被压低到劳动力价值以下、不变资本各要素变得便宜、相对过剩人口、对外贸易、股份资本的增加，等等）来阻挠和抵消这种下降趋势，但它们仍然无法改变资本主义一般利润率趋于下降的一般规律，因为它是"劳动的社会生产力日益发展在资本主义生产方式下所特有的表现……是根据资本主义生产方式的本质证明了一种不言而喻的必然性"[③]。这一规律表明，"资本主义生产方式在生产力的发展中遇到一种同财富生产本身无关的限制；而这种特有的限制证明了资本主义生产方式的局限性和它的仅仅历史的、过渡的性质；证明了它不是财富生产的绝对的生产方式，反而在一定阶段上同财富的进一步发展发生冲突。"[④] 这是资本主义不可克服的内在限制。

---

① 《马克思恩格斯全集》第 46 卷，人民出版社 2003 年版，第 269—270 页。

② 《马克思恩格斯全集》第 46 卷，人民出版社 2003 年版，第 237 页。

③ 《马克思恩格斯全集》第 46 卷，人民出版社 2003 年版，第 237 页。

④ 《马克思恩格斯全集》第 46 卷，人民出版社 2003 年版，第 270 页。

其次，就后者而言，马克思指出，资本积累的一般规律是一极是财富的积累，一极是贫困的积累。随着积累的不断加剧，必然会导致生产资料日益集中于少数人手中，这将与生产力的社会化发展产生不可避免的冲突。一旦达到一定程度，必然导致资本主义内在矛盾的爆发，引发无产阶级革命。届时，"资本的垄断成了与这种垄断一起并在这种垄断之下繁盛起来的生产方式的桎梏。生产资料的集中和劳动的社会化，达到了同它们的资本主义外壳不能相容的地步。这个外壳就要炸毁了。资本主义私有制的丧钟就要响了。剥夺者就要被剥夺了。"①

这两点共同表明，资本主义生产的"矛盾在于：资本主义生产方式包含着绝对发展生产力的趋势，而不管价值及其中包含的剩余价值如何，也不管资本主义生产借以进行的社会关系如何；而另一方面，它的目的是保存现有资本价值和最大限度地增殖资本价值（也就是使这个价值越来越迅速地增加）。"②一方面无限地发展生产力，另一方面又死死地把生产力的发展控制在资本主义制度所能容许的范围之内，服务于资本。这种手段与目的的矛盾，成为资本主义生产永远无法克服的界限。马克思说："资产阶级的生产，由于它本身的内在规律，一方面不得不这样发展生产力，就好像它不是在一个有限的社会基础上的生产，另一方面它又毕竟只能在这种局限性的范围内发展生产力，——这种情况是危机的最深刻、最隐秘的原因，是资产阶级生产中种种尖锐矛盾的最深刻、最隐秘的原因"③。资本主义生产的真正限制不是别的，就是资本本身。只要资本主义生产方式还存在，经济危机就必然存在。

从剩余价值的实现来看，资本主义也会遇到不同方面的限制，导致经济危机：

首先，是消费不足的限制。马克思指出，在生产过程之外，资本主义遇到的"第一个限制就是消费本身"④。在资本主义条件下，工人的"消费力既不是取决于绝对的生产力，也不

纪录片
《大国崛起》

① 《马克思恩格斯全集》第 44 卷，人民出版社 2001 年版，第 874 页。
② 《马克思恩格斯全集》第 46 卷，人民出版社 2003 年版，第 278 页。
③ 《马克思恩格斯全集》第 26 卷第 3 册，人民出版社 1974 年版，第 86 页。
④ 《马克思恩格斯全集》第 30 卷，人民出版社 1995 年版，第 384 页。

是取决于绝对的消费力，而是取决于以对抗性的分配关系为基础的消费力；这种分配关系，使社会上大多数人的消费缩小到只能在相当狭小的界限以内变动的最低限度……这是资本主义生产的规律"①。这决定了工人必然没有足够的消费能力，来担当资本家眼中的"消费者"，"最大的消费者阶级即工人所购买的物品的范围和品种，受他们的收入本身的性质的限制"②，这样自然会导致生产力与购买力之间的矛盾，进而引发经济危机。马克思说："一切现实的危机的最后原因，总是群众的贫穷和他们的消费受到限制"③，"商品的出售，商品资本的实现，从而剩余价值的实现，不是受一般社会的消费需求的限制，而是受大多数人总是处于贫困状态、而且必然总是处于贫困状态的那种社会的消费需求的限制"。④ 这种消费能力的不足，是资本主义经济危机产生的重要原因。后来，保罗·斯威齐在此基础上提出了自己的消费不足理论，但与马克思的这一理论存在本质区别。

斯威齐的消费不足理论与马克思的"有限需求不足"理论存在着本质差异：斯威齐的"消费不足"理论忽略了资本主义生产关系的限制，认为资本主义的生产已经远远超过了所有人的自然需求的界限，从而导致一般需求不足引发危机，这是一种从人性的角度推导出来的"抽象的需求"。而马克思的"消费不足"则不然，他认识到，正是由于资本主义特有的生产关系，决定了工人虽然有需求但却没有能力满足这种需求，这是"有支付能力的需求不足"，而不是一般意义上的需求不足。在马克思这里，危机的原因在于资本主义生产关系的内在矛盾；而在斯威齐那里，则是生产与人的自然需求的矛盾。两者显然是不可同日而语的。

其次，是货币量的限制。作为新生产出来的价值，剩余价值必须要有相

---

① 《马克思恩格斯全集》第 46 卷，人民出版社 2003 年版，第 273 页。
② 《马克思恩格斯全集》第 44 卷，人民出版社 1982 年版，第 162 页。
③ 《马克思恩格斯全集》第 46 卷，人民出版社 2003 年版，第 548 页。
④ 《马克思恩格斯全集》第 45 卷，人民出版社 2003 年版，第 350 页注释。

应的等价物才能转化为货币，因此，剩余价值的实现"看来会遇到现有等价物的量的限制，首先是货币量的限制，但不是作为流通手段的货币，而是作为货币的货币。剩余价值（这本来是不言而喻的）需要有剩余等价物。剩余等价物现在表现为第二个限制"①。因此，为了实现新生产出来的剩余价值，资本必然"要求在另一个地点创造出它与之交换的剩余价值；要求首先哪怕只是生产出更多的金银，更多的货币。"②然而，在资本主义条件下，这些等价物的生产必然会遇到一定的界限，导致剩余价值的实现危机。虽然它们可以通过殖民掠夺，从别的国家获取更多的货币，但却无法改变全球剩余价值生产过剩的事实。后来，卢森堡在《资本积累论》进一步阐发了这一问题。

罗莎·卢森堡（1871—1919），国际共产主义运动史上杰出的女革命家、马克思主义理论家，被列宁誉为"革命之鹰"。代表作有《社会改良还是革命？》、《资本积累论》等。

再次，是不同生产的比例关系的限制。由于资本主义竞争的存在，必然导致不同生产部门的比例失调，这在一定程度上也会影响剩余价值的实现。在《资本论》第3卷中，马克思明确指出：剩余价值的实现，不仅会受到社会消费力的限制，而且还会"受不同生产部门的比例关系"的限制。③它在一定程度上，也会引发资本主义的经济危机。"不可否认，有些部门可能生产过多，因此另一些部门则可能生产过少；所以，局部危机可能由于生产比例失调而发生（但是，生产的合乎比例始终只是在竞争基础上生产比例失调的结果），这种生产比例失调的一般形式之一可能是固定资本的生

---

① 《马克思恩格斯全集》第 30 卷，人民出版社 1995 年版，第 385 页。

② 《马克思恩格斯全集》第 30 卷，人民出版社 1995 年版，第 387 页。

③ 《马克思恩格斯全集》第 46 卷，人民出版社 2003 年版，第 272 页。

杜冈-巴拉诺夫斯基（1865—1919），俄国经济学家。

产过剩，或者另一方面，也可能是流动资本的生产过剩。"[①]后来俄国经济学家杜冈-巴拉诺夫斯基仅仅抓住这一点，将其放大为经济危机的根本原因，成为他修正马克思危机理论的重要依据。

为了克服经济危机，当代资本主义国家已做出了巨大努力，比如，提高工人收入、加强国家调控、实行灵活的货币政策、扩大出口等等，虽然这些措施在一定程度上缓解了剩余价值的实现危机，但它们在根本上并没有真正克服资本主义的生产矛盾，一次又一次的经济危机就是最好的证明。这也表明，只要资本主义生产方式还存在，经济危机就必然会不断爆发。从这个角度而言，《资本论》依然具有强大的当代生命力。

6. 金融危机为什么是导火索？

2008 年，由美国金融危机引发的经济危机，像瘟疫一样在世界各国蔓延开来。在金融危机的时候，人们再次想起了马克思，并在世界范围内引发

2008 年美国金融危机引发世界范围内的经济危机

了一场关于马克思的讨论热潮。一座宽 14 米、高 7 米，重达 33 吨的以马克思为主题的塑像，重新回到了莱比锡大学校园。批判资本主义的鸿篇巨著《资本论》重新成为读者的宠儿，而《资本论》的销量也一路飙升，甚至成为 2008 年德国圣诞节的最佳礼物。那么，《资本论》为什么会有如此

① 《马克思恩格斯全集》第 26 卷第 2 册，人民出版社 1973 年版，第 595 页。

位于莱比锡大学校园内的雕塑《起义》，马克思的头像位于该雕塑中央。

大的魅力呢？主要原因在于它揭示了资本主义金融危机产生的根源和本质，为人们认识当前的金融危机提供了科学指南。

　　在这一著作中，马克思将金融危机分为两种类型：一是伴随着经济危机发生的金融危机，一是独立发生的金融危机。马克思写道，第一种"货币危机是任何普遍的生产危机和商业危机的一个特殊阶段，应同那种也称为货币危机的特殊危机区分开来。后一种货币危机可以单独产生，只是对工业和商业发生反作用。这种危机的运动中心是货币资本，因此，它的直接范围是银行、交易所和金融。"① 这两种金融危机产生的原因存在一定的差异。

　　就第一种危机而言，它必须同时具备两个条件：信用的充分发展和生产过剩。马克思说："现实危机只能从资本主义生产的现实运动、竞争和信用

---

① 《马克思恩格斯全集》第 44 卷，人民出版社 2001 年版，第 162 页。

中引出"[1]。为了能够在激烈的市场竞争中，获得最大化的利润，资本家必然会加快自己的资本积累，一方面进行资本的积聚，使剩余价值资本化，另一方面进行资本的集中和兼并。这一过程必然导致银行和信用的产生，资本家为了突破自身积累的限制，必然会利用商业信用和银行信用，通过发行股票、债券等方式，广泛吸收资本。

1880年，马克思在接受《太阳报》记者约翰·温斯顿采访时指出：他打算写一套"三部曲"，即土地论、资本论和信用论。[2] 然而，令人遗憾的是，马克思的这一计划并没有实现。

情景剧中被调侃的金融危机

这一行为必然导致资本积累的畸形化，将资本主义不顾市场需求的生产趋势推进到极限，使生产出现普遍过剩，导致生产和消费矛盾的进一步加剧。"当这一机制整个被打乱的时候，不问其原因如何，货币就会突然直接地从计算货币

英国早期的银行活动

① 《马克思恩格斯全集》第26卷第2册，人民出版社1973年版，第585页。
② 《马克思恩格斯全集》第45卷，人民出版社1985年版，第720页。

的纯粹观念形态转变成坚硬的货币……商品和它的价值形态（货币）之间的对立发展成绝对矛盾"①，此时，必然会发生金融危机或货币危机。马克思说："在再生产过程的全部联系都是以信用为基础的生产制度中，只要信用突然停止，只有现金支付才有效，危机显然就会发生，对支付手段的激烈追求必然会出现。所以乍看起来，好像整个危机只表现为信用危机和货币危机。而且，事实上问题只是在于汇票能否兑换为货币。但是这种汇票多数是代表现实买卖的，而这种现实买卖的扩大远远超过社会需要的限度这一事实，归根到底是整个危机的基础。"②信用不仅没有克服资本主义的生产矛盾，反而进一步"加速了这种矛盾的暴力的爆发，即危机"③。

也是在此基础上，马克思揭示了全球金融危机爆发的必然性。他指出，作为资本积累的一种手段，信用不仅在资本主义国家内部被发展到极致，而且也会在国际范围内迅速膨胀，成为资本主义世界市场和国际贸易的基础，使各国出现普遍的生产过剩，将信用支持下的债务扩张到全球范围之内。这种普遍过剩和信用的国际扩张，使一切资本主义国家都具备了发生金融危机的条件。马克思说："这时就会清楚地看到，这一切国家同时出口过剩（也就是生产过剩）和进口过剩（也就是贸易过剩），物价在一切国家上涨，信用在一切国家过度膨胀，接着就在一切国家发生同样的崩溃。"④因此，当一国出现金融危机，已具备条件的国家将会依次发生危机。从这个角度而言，金融危机不仅不可避免，而且一旦爆发，必然会演变为世界性的金融危机。也正是基于此，马克思将"信用制度"称为资本主义"生产过剩和商业过度投机的主要杠杆"⑤，揭示了金融危机爆发，并成为经济危机导火索的内在根源。

第二种危机指的是不伴随经济危机而独立发生的金融危机，因此，它不需要同时具备两个条件。换句话说，这种危机不需要以生产过剩为前提条件，它直接根源于资本主义的信用本身。马克思指出，信用制度的发展，必

① 《马克思恩格斯全集》第 44 卷，人民出版社 2001 年版，第 162 页。
② 《马克思恩格斯全集》第 46 卷，人民出版社 2003 年版，第 555 页。
③ 《马克思恩格斯全集》第 46 卷，人民出版社 2003 年版，第 500 页。
④ 《马克思恩格斯全集》第 46 卷，人民出版社 2003 年版，第 557 页。
⑤ 《马克思恩格斯全集》第 46 卷，人民出版社 2003 年版，第 499 页。

查尔斯·庞兹（1882—1949），"庞氏骗局"的始祖。"庞氏骗局"是对金融领域投资诈骗的称呼。这种骗术是一个名叫查尔斯·庞兹的投机商人"发明"的。他通过欺骗的方式诱使人向一个虚设的企业投资，然后再利用新投资人的钱向老投资者支付利息和短期回报，以制造赚钱的假象，进而骗取更多的投资。

然导致虚拟资本的出现，它是在借贷资本和银行信用制度、特别是在股份资本的基础上产生的，包括股票、债券等。这种资本可以作为商品买卖，也可以作为资本增值，但它本身并不具有价值；它代表的实际资本已经投入生产领域或消费过程，而其自身却作为可以买卖的资产滞留在市场上。由这种虚拟资本衍生出来的经济，称为虚拟经济，它是相对于实体经济而言的。它的形成在一定程度上突破了货币的限制，对资本主义经济起到了巨大的推动作用，然而，也不可避免地加剧了金融系统的风险性：

一方面，随着信用制度和虚拟资本的过度膨胀，必然会再生产"一种新的金融贵族，一种新的寄生虫，——发起人、创业人和徒有其名的董事；并在创立公司、发行股票和进行股票交易方面再生产出了一整套投机和欺诈活动。这是一种没有私有财产控制的私人生产。"[①]它把资本主义生产的动力，即靠剥削他人劳动来发财致富的机制，"发展成为最纯粹最巨大的赌博欺诈制度"[②]，使金融活动越来越具有冒险的性质，而一些"信用冒险家为了扩大他的营业"，必然会"用一种骗人的营业来掩盖另一种骗人的营业"[③]。这一诊断不由地使人想到了现代金融领域中的"庞式骗局"。

---

① 《马克思恩格斯全集》第46卷，人民出版社2003年版，第497页。
② 《马克思恩格斯全集》第46卷，人民出版社2003年版，第500页。
③ 《马克思恩格斯全集》第46卷，人民出版社2003年版，第481页。

另一方面，必然会进一步强化金融系统的不稳定性。信用和虚拟资本的迅速膨胀，使金融体系完全脱离了实体经济和真实货币的束缚，成为一种以债券、股票、证券等为中心的自我循环市场，进一步加剧了金融体制的盲目性。在马克思看来，虚拟资本并不是真正的财富和货币，当信用收缩或完全停止时，所有的虚拟资本必须转化为货币，实现"惊险的一跃"。如果这一过程无法实现，将不可避免地爆发金融危机。马克思指出："信用货币的贬值（更不用说它的只是幻想的货币资格的丧失）会动摇一切现有的关系……一旦劳动的社会性质表现为商品的货币存在，从而表

鲁道夫·希法亭（1877—1941），奥地利马克思主义的重要代表人物，主要代表作为《金融资本》。

现为一个处于现实生产之外的东西，货币危机——与现实危机相独立的货币危机，或作为现实危机尖锐化表现的货币危机——就是不可避免的。"[1] 从这个角度而言，虚拟资本的自我膨胀，构成了第二种金融危机爆发的主要原因。马克思的这些分析后来在列宁和希法亭那里都得到了继承和发展。

纵观资本主义世界的几次大危机，比如，1857 年爆发的第一次世界性经济危机、1929—1933 年资本主义经济大危机，以及 2008 年爆发的金融危机，可以发现，金融都首当其冲地充当了危机的导火索，并由此引发了全球性的经济危机。从这个角度而言，《资本论》关于金融危机的诊断，依然具有强劲的生命力，就是在今天来看，依然是正确的。

---

① 《马克思恩格斯全集》第 46 卷，人民出版社 2003 年版，第 584—585 页。

7. 谁是生态危机的罪魁祸首？

随着工业革命的推进，人类生产力获得了前所未有的发展，然而，也付出了惨重的代价，从生态破坏到环境污染再到物种危机，从伦敦的"雾都"到瓦尔迪兹号油船溢油事件再到墨西哥湾海洋污染，等等等等。

2009 年 12 月 7—18 日，来自 192 个国家的代表在丹麦首都哥本哈根召

形势严峻
的生态危机

开了一次世界气候大会，共同商讨应对气候危机的对策，这次会议也被誉为是"人类拯救地球的最后一次机会"。这一事件表明，生态危机已不再是一个无关紧要的次要问题，而是成为全世界人们不得不面对的、危及到人类自身生存的一个世界性问题。我们不禁要问，地球到底怎么了？为什么会出现如此严重的生态危机呢？这些究竟是天灾还是人祸？

面对这些情形，一些学者，比如威廉·莱斯，将其归咎于个人的价值观念和需求方式，而另外一些学者，杰里米·里夫金则将其归咎于工业革命所

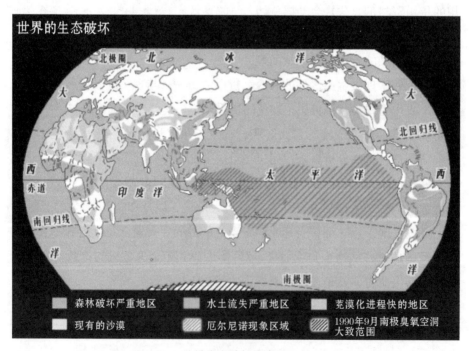

世界生态破坏分布图

依赖的能源机制，实际上，这些论点都没有真正切中生态危机产生的内在根源。更有甚者，一些政客则将其归咎于发展中国家，认为落后国家应当为全球的生态危机负主要责任，这更是一种充满意识形态色彩的政治论断。那么，生态危机产生的根源

1952 年 12 月 4 日到 9 日，英国首都伦敦发生了严重的烟雾事件，据官方统计，在大雾持续的 5 天时间里，有 5000 多人丧生，在大雾过去的 2 个月内有 8000 多人相继死亡。此次事件也是 20 世纪十大环境公害事件之一。

是什么呢？早在 140 多年前，马克思在《资本论》中就曾做过深刻分析。就是从今天看来，这些思想依然有重要的时代价值，能够为我们理解当代社会的生态危机提供重要启示。具体而言，主要表现在以下三点：

首先，生态危机绝不是从来就有的，而是资本主义生产方式发展的特定产物。在马克思看来，人与自然的关系是一切人类社会都要面临的问题，人类要想发展，就必须要通过自己的劳动，改造自然界，这是"人和自然界之间的物质变换"过程，只要人类还存在，这一过程就不会停止，它是"人类生活的永恒的自然条件，因此，它不以人类生活的任何形式为转移，倒不如说，它为人类生活的一切社会形式所共有的"。① 人类要想持续地发展下去，就必须正确处理好人与自然的关系，遵照自然的规律，从事物质生产活动。在前资本主义社会中，人与自然是内在同一的，后者始终保持着自己的独立性，在这里，根本不存在所谓的生态危机。随着资产阶级工业革命的发展，人与自然的关系发生了革命性变革，如恩格斯所说："现代自然科学和现代工业一起变革了整个自然

---

① 《马克思恩格斯全集》第 44 卷，人民出版社 2001 年版，第 215 页。

1851年伦敦博览会上，由蒸汽机驱动的各式机器。

卡尔·弗里德里希·本茨驾驶他发明的汽车。

界，结束了人们对于自然界的幼稚态度和其他的幼稚行为"①，在这里，自然界第一次由人的主人变成了人的支配对象，"资本主义生产方式以人对自然的支配为前提"②"它创造了这样一个社会阶段，与这个社会阶段相比，一切以前的社会阶段都只表现为人类的地方性发展和对自然的崇拜。

只有在资本主义制度下自然界才真正是人的对象，真正是有用物；它不再被认为是自为的力量；而对自然界的独立规律的理论认识本身不过表现为狡猾，其目的是使自然界（不管是作为消费品，还是作为生产资料）服从于人的需要。"③资本开创了一个全新的时代，对人类生产力的发展产生积极的推动作用，大大加速了世界的文明进程。但同时，也产生了一些负面效应，扭曲人与自然之间的物质变换，导致日益严重的环境污染和生态危机。就此而言，生态危机绝不是从来就有的，而是资本主义生产方式发展的历史产物。

前资本主义与资本主义比较

	前资本主义	资本主义
人与人的关系	人身依附关系	依赖货币
财富形式	物质财富	价值财富
自然的地位	人的主人	支配对象
危机形态	自然灾害	生态危机

其次，资本是生态危机产生的内在根源。资本生产的根本目的，是为了最大限度地攫取剩余价值，因此，为了达到这一目的，资本必然会"探索整个自然界，以便发现物的新的有用属性……从一切方面去探索地球，以便发现新的有用物体和原有物体的新的使用属性，如原有物体作为原料等等的新的属性"④。这种功利逻辑必然会把自然当作赚钱的工具，将人与自然的关系变成赤裸裸的金钱关系，使整个自然完全臣服于资本逻辑，从而引发严重的

---

① 《马克思恩格斯全集》第 7 卷，人民出版社 1959 年版，第 240 页。
② 《马克思恩格斯全集》第 44 卷，人民出版社 2001 年版，第 587 页。
③ 《马克思恩格斯全集》第 30 卷，人民出版社 1995 年版，第 390 页。
④ 《马克思恩格斯全集》第 30 卷，人民出版社 1995 年版，第 389 页。

生态危机。马克思指出："资本主义农业的任何进步，都不仅是掠夺劳动者的技巧的进步，而且是掠夺土地的技巧的进步，在一定时期内提高土地肥力的任何进步，同时也是破坏土地肥力持久源泉的进步。一个国家，例如北美合众国，越是以大工业作为自己发展的基础，这个破坏过程就越迅速。"[①]资本虽然开创了新的文明形式，但也严重破坏了"人和土地之间的物质变换，也就是使人以衣食形式消费掉的土地的组成部分不能回归土地，从而破坏土地持久肥力的永恒的自然条件"。[②]资本生产不仅以"竭泽而渔"的方式破坏了生态环境，而且为了维系其生产规模和赚取利润，还耗费了大量的自然资源。"文明和产业的整个发展，对森林的破坏从来就起很大的作用，对比之下，它所起的相反的作用，即对森林的护养和生产所起的作用则微乎其微。"[③]结果，

生态危机
影像资料

根据绿色和平组织的统计，地球每天都有约一片足球场大小的森林消失。（此图片来自绿色和平组织。）

---

① 《马克思恩格斯全集》第44卷，人民出版社2001年版，第579—580页。
② 《马克思恩格斯全集》第44卷，人民出版社2001年版，第579页。
③ 《马克思恩格斯全集》第45卷，人民出版社2003年版，第272页。

"这些自然条件的丰饶度往往随着社会条件所决定的生产率的提高而相应地减低"，"森林、煤矿、铁矿的枯竭"等现象层出不穷。[①] 因此，马克思认为，生态危机的根源不在于人的道德观念，也不在于个人的消费方式，而是根源于生产背后的资本逻辑，即效用和利润增殖原则。

当前发展中国家也面临同样的生态危机问题，除了自身内部对资本的消极作用限制不够之外，不公正的国际经济秩序，也是导致发展中国家生态危机加剧的重要原因，发达资本主义国家通过资本输出，将高污染、高耗能的企业转移到第三世界，使发展中国家的生态和环境污染雪上加霜。就此而言，发达国家能够享受良好的生态环境，恰恰是以牺牲发展中国家的利益为代价的，这并没有从根本上改变马克思的判断：资本依然是全球生态危机的"刽子手"。

再次，只有合理地变革资本关系，才能真正解决生态危机问题。马克思指出，既然生态危机产生的根源在于生产背后的资本逻辑，因此，要想有效治理生态危机，既不能诉诸于田园式的浪漫主义，也不能寄托于个人的价值观念，更不能单纯地从道德领域寻求答案，相反，只有从根本上变革不合理的生产关系，即合理地控制和变革生产背后的资本逻辑，唯有如此，才能真正实现人与人、人与自然关系的和解。

虽然马克思没有形成系统的生态学体系，但不得不承认，马克思的确提出了许多具有真知灼见的生态学思想，就是从今天看来，依然具有不可忽视的当代效力。

首先，这些思想对当代生态学马克思主义思潮产生了重要影响，不论是詹姆斯·奥康纳、贝拉米·福斯特还是戴维·库珀，都纷纷从《资本论》中寻求理论资源，并坚持从马克思的生产方式范式来分析当代资本主义的生态危机。这表明，在这一问题上，《资本论》依然具有重要的理论价值。

其次，这些思想能够为落后国家的生态文明建设提供科学指南。作为一个发展中国家，当前我国正处于社会主义现代化建设的关键时期，我们必须要充分吸收马克思关于资本作用的历史论述，一方面，充分发挥资本的积极

---

① 《马克思恩格斯全集》第46卷，人民出版社2003年版，第289页。

作用，大力发展生产力，为社会主义现代化建设提供坚实的物质基础；另一方面，也必须要限制资本的消极作用，将资本的破坏作用限制在合理的范围之内，在物质生产与环境保护之间建立一种平衡关系，既不能以追求经济效益为由，牺牲了生态环境，也不能以保护环境为由，片面地反对经济发展。唯有在二者之间保持一定的平衡，才能真正为我国社会主义现代化和生态文明建设提供坚实基础。

8. 资本主义阶段不可跨越吗？

俄国学者米海洛夫斯基认为，马克思关于资本主义发展道路的理论不仅适用于西欧，而且也适用于其他一切民族，进而将资本主义视为所有民族都必须经过的发展阶段。在当代西方学术界，对马克思的历史道路理论的批判也不绝于耳。

米海洛夫斯基（1842—1904），俄国自由主义民粹理论家、政治家、社会学家，主要代表作有《什么是进步？》、《英雄与群氓》等。

保罗·巴兰、鲍德里亚、吉登斯等人认为，马克思的历史道路理论实际上是一种欧洲中心主义的线性发展观。在他那里，历史表现为一种直线发展的普遍过程：不同社会以其自然必然性一个接一个地向前发展，亚细亚社会—古代社会—封建社会—资本主义社会，最终达到共产主义。我们不禁要问，马克思的历史道路理论真的是他们所理解的那样吗？或者说，在马克思的视域中，资本主义真的是一切落后国家都必须经过的历史阶段吗？

首先，在马克思看来，《资本论》关于资本主义起源的分析仅仅适用于西欧，绝不能将其夸大为适用于一切民族的历史哲学。在《1857—1858 年经济学手稿》中，马克思指出，存在三种不同的前资本主义生产方式：一是亚细亚的生产方式，在这里，共同体是凌驾于个体之上的实体，个人根本不具有自主性，而个人的财产直接表现为公社的财产；二是古罗马式的生产方式，在这里，个人既是公社成员，也是独立的个体，而公社财产和个人财产是分开的；三是日耳曼式的生产方式，它是一种以生产者自己劳动为基础的私有制形式。那么，资本主义是从哪种所有制形式中发展起来的呢？

三种不同的前资本主义生产方式比较

在《资本论》中，马克思给出了明确回答。他指出："资本的原始积累，即资本的历史起源，究竟是指什么呢？既然它不是奴隶和农奴直接转化为雇佣工人，因而不是单纯的形式变换，那么它就只是意味着直接生产者的被剥夺，即以自己劳动为基础的私有制的解体。"[①] 由此来看，马克思关于资本主义起源的分析是有明确限定的：资本主义绝不是从亚细亚和古罗马式的生产方式中产生出来的，而是从日耳曼式的所有制中成长起来的。在 1881 年 3 月 8 日致查苏利奇的信中，马克思指出："在分析资本主义生产的起源时，我说：'因此，资本主义制度的基础是生产者同生产资料的彻底分离……这整个发展的基础就是对农民的剥夺。这种剥夺只是在英国才彻底完成了……但是西欧其他一切国家都在经历着同样的运动。'可见这一运动的'历史必然性'明确地限于西欧各国。"[②] 这清楚地表明，马克思从来没有把他的资本主义起源理论，放大为一切民族必须

保罗·巴兰（1910—1964），美国当代著名的马克思主义经济学家，代表作有《增长的政治经济学》、《垄断资本》（与保罗·斯威齐合著）等。

---

① 《马克思恩格斯全集》第 44 卷，人民出版社 2001 年版，第 872 页。
② 《马克思恩格斯全集》第 19 卷，人民出版社 1963 年版，第 268 页。

经过的历史阶段。因此，当米海洛夫斯基把马克思的这一理论诠释为适用于一切民族的历史哲学时，恰恰扭曲了马克思历史道路理论的真正内涵。在《给〈祖国纪事〉杂志编辑部的信》中，马克思批驳道："他（米海洛夫斯基——引者注）一定要把我关于西欧资本主义起源的历史概述彻底变成一般发展道路的历史哲学理论，一切民族，不管它们所处的历史环境如何，都注定要走这条道路……但是我要请他原谅。他这样做，会给我过多的荣誉，同时也会给我过多的侮辱。"①

再次，《资本论》的分析绝不意味着资本主义只能在西欧产生，或者说，资本主义是西欧的专利。随着马克思对人类历史研究的不断深入，他充分意识到，《资本论》所揭示的"西欧模式"实际上只是资本主义起源的一种特殊模式，绝不能将其放大为资本主义的一般模式，用它来套用其他国家的资本主义模式，更不能以此为据，认为资本主义只能产生于西欧，是西欧社会的独特产物。②他在《哲学的贫困》中就已经明确指出，在苏里南、巴西和北美南部，直接奴隶制构成了"资产阶级工业的基础"，③这与西欧模式存在本质差别。此外，19世纪70年代以来，他通过对俄国社会的具体研究，明确意识到，俄国资本主义的起源道路恰恰是通过对农民土地的"赎买"实现的，而不是西欧式的原始积累。④

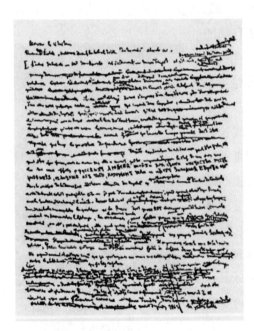

马克思给《祖国纪事》杂志编辑部的信的第一页手稿

---

① 《马克思恩格斯选集》第 3 卷，人民出版社 1995 年版，第 341—342 页。
② 叶险明：《马克思超越"西方中心论"的历史和逻辑》，《中国社会科学》2014 年第 1 期。
③ 《马克思恩格斯选集》第 1 卷，人民出版社 1995 年版，第 143 页。
④ 《马克思恩格斯全集》第 19 卷，人民出版社 1963 年版，第 463 页。

这表明，马克思从来没有把资本主义视为西欧的特产。在他看来，即使在资本主义发展道路内部，也存在明显的差异。由于具体国情的不同，一些国家在资本主义起源和发展道路上也不尽相同。

最后，《资本论》的历史发展道路理论绝不是欧洲中心主义的线性发展观。在《政治经济学批判。第一分册》的序言中，马克思说道："大体说来，亚细亚的、古代的、封建的和现代资产阶级的生产方式可以看作是经济的社会形态演进的几个时代。"①实际上，这四种"经济的社会形态"理论，正如他的"生产一般"理论一样，只不过是在特定历史条件下的一种"科学抽象"，绝不能把它变成一种普遍规律，用它来套用一切社会。马克思从来都没有说过，任何一个社会都必须要经过"亚细亚社会—古代社会—封建社会—资本主义社会"的线性发展逻辑。最为明显的例证，就是马克思晚年对俄国农村公社的研究。

俄国农村公社

① 《马克思恩格斯全集》第 31 卷，人民出版社 1998 年版，第 413 页。

在《〈共产党宣言〉俄文第二版序言》中，他指出，"对于这个问题，目前唯一可能的答复是：假如俄国革命将成为西方无产阶级革命的信号而双方互相补充的话，那么现今的俄国土地公社所有制便能成为共产主义发展的起点"①。只要条件允许，俄国农村公社便可以直接跨越资本主义阶段，进入共产主义社会。从这个角度而言，马克思的历史道路理论绝不是欧洲中心主义的线性发展观，而是一种尊重不同国家或民族具体差异的开放道路。

基于上述分析，可以看出，虽然马克思在《资本论》中集中批判了资本主义，但他并不认为资本主义是西欧的专利，更没认为一切民族都必须要经过资本主义阶段，一些国家完全可以根据自己的实际情况，走出一条非资本主义的发展道路。就此而言，中国道路的形成，绝不是对马克思历史道路理论的证伪，而是这一理论的科学证明。那种简单地将中国道路诠释为"国家资本主义"（兰兹伯格）、"中国特色的新自由主义"（哈维）或"威权主义的资本主义模式"（巴迪欧）的做法，不仅曲解了马克思的历史道路理论，而且也扭曲了中国道路的本质。从这个角度而言，乔万尼·阿瑞吉在《亚当·斯密在北京》中，关于中国道路的非资本主义性质的分析，恰恰具有重要的合理之处。

20 世纪八九十年代之交，东欧剧变，苏联解体，这对国际共产主义运动产生了沉重打击。也是在此背景下，弗朗西斯·福山在《历史的终结及最后之人》（1992）中迫不及待地宣称，虽然不同国家在尝试不同的道路，但历史的发展证明，道路只有一条，那就是资本主义，它将成为人类历史的终点。然而，20 年后，他在《历史的未来》一文中，不得不承认，资本主义

中国道路的探索

制度出现了危机，开始肯定中国道路取得的历史成就，并呼吁西方积极借鉴中国的体制。虽然这种呼吁不见得能够帮助西方走出困境，但无疑证明了一点，发展中国家不仅能够跨越资本主义阶段，而且也能够取得令人瞩目的世界成就。从这个角度而言，马克思的历史发展道路理论，依然能够为落后国家的发展提供有益借鉴。

---

① 《马克思恩格斯全集》第 19 卷，人民出版社 1963 年版，第 326 页。

附　录：马克思年谱

1818 年	5 月 5 日	马克思于特里尔出生
1830 年	10 月	就读于特里尔的弗里德里希·威廉中学
1835 年	9 月 24 日	高中毕业
	10 月 15 日	进入波恩大学学习法律
1836 年	9 月	在威斯特法伦和燕妮订婚
	10 月 22 日	转学到柏林大学
1838 年	5 月 10 日	马克思的父亲海因里希·马克思逝世
1839 年		开始准备博士论文
1841 年	3 月 30 日	从柏林大学毕业
	4 月 15 日	在耶拿大学申请博士学位，博士学位论文题目为《德谟克利特的自然哲学和伊壁鸠鲁的自然哲学的差别》
	7 月	马克思回到波恩
1842 年	2 月	文章《评普鲁士政府最近的书报检查令》被检察机关封杀，后在瑞士发表 在科隆参与《莱茵报》的工作
	10 月 15 日	报纸主编职位被非正式接管，马克思去往科隆
	11 月	在科隆与恩格斯初次会面
1843 年	1 月 21 日	《莱茵报》被查封
	6 月 19 日	马克思和燕妮在威斯特法伦结婚
	10 月	马克思和燕妮搬到了巴黎
	12 月	与海涅结识
1844 年	2 月	由马克思和卢格主编的杂志《德法年鉴》在巴黎出版

（续表）

	5月1日	女儿燕妮出生
	7月	开始参与编辑流亡者报纸《前进》
	8月28日	与恩格斯第二次相遇，开始了二人一生的友谊
1845年	2月3日	被驱逐出法国，去往比利时
	2月	马克思和恩格斯第一部合著《神圣家族或对批判的批判所做的批判》发表
	5月	恩格斯的《英国工人阶级状况》一书出版
	9月26日	二女儿劳拉出生
	12月1日	脱离普鲁士国籍
1846年	5月	马克思和恩格斯合著的第二部著作《德意志意识形态》完成，但是在二人生前未能出版
1847年	6月2至9日	共产主义者同盟第一次会议，该同盟在此之前名为正义者同盟，是马克思和恩格斯在年初加入的
	7月	马克思在布鲁塞尔发表了针对蒲鲁东的论战性著作《哲学的贫困》
	9月	开始参与编辑《德意志—布鲁塞尔日报》
	12月8日	马克思和恩格斯在同盟第二次会议结束时受委托起草一篇纲领
1848年	1月	马克思将《共产党宣言》一文寄往伦敦，该文章在3月印行出版
	2月22日	法国的起义为先声，一系列革命在几乎每个欧洲国家同时爆发
	3月4日	马克思被驱逐出比利时，和一家人流亡巴黎
	3月13日	维也纳的梅特涅公爵回到德国
	3月18日	普鲁士国王腓特烈·威廉四世宣布废除检查制度
		柏林爆发革命，军队撤回
	4月11日	马克思与恩格斯在科隆重逢
	5月18日	德国国民议会在法兰克福的保罗教堂召开
	6月1日	《新莱茵报》创刊号在科隆印行，马克思为主编
	12月5日	普鲁士国王"被迫接受"宪法

（续表）

1849 年	2 月 7/8 日	对马克思和恩格斯侮辱当局、煽动叛乱的指控，被科隆陪审法庭宣告无罪
	3 月 28 日	国民议会公布帝国宪法
	5 月 16 日	无国籍的马克思被从普鲁士驱逐
	5 月 19 日	《新莱茵报》终刊号以红色字体刊印
	8 月 24 日	马克思去往伦敦，他的家人于 9 月抵达
	9 月	共产主义者同盟中央委员会在马克思的领导下重建
1850 年	3 月 6 日	在汉堡发行了马克思在伦敦编辑的《新莱茵报—政治经济学评论》六期的第一期
	7 月	马克思开始在大英博物馆阅览室系统研究政治经济学
	11 月 15 日	恩格斯进入他父亲的公司埃尔曼和恩格斯公司工作，从而能够在未来资助马克思一家
	12 月	马克思一家搬进伦敦苏豪区迪恩街的一个两室的房子
1851 年	5 月	在科隆的共产主义者同盟领导成员被捕
	9 月	成为《纽约每日论坛报》欧洲的通讯评论员
1852 年	5 月 19 日	《路易波拿巴的雾月十八日》在纽约发表
	11 月 12 日	对科隆共产主义者联盟领导成员的指控，最终被裁决为大多数为最高徒刑
	11 月 17 日	伦敦的共产主义者同盟在马克思的申请下解散
1853 年	1 月	《揭露科隆共产党人案件》在巴塞尔发表
1854 年	1 月	马克思批判巴尔默顿勋爵的系列文章以小册子的形式发表并多次重印
1855 年	1 月 16 日	女儿艾琳娜（Tussy）出生
1856 年	10 月 1 日	一家人搬进伦敦北部格拉夫顿·特莱斯街的公寓房中
1857 年		一场更大的经济危机爆发了
1857/58 年		受经济危机启发马克思开始起草他晚期主要著作的草稿。《政治经济学批判大纲》到 1939/41 年才在莫斯科发表
1859 年	6 月 11 日	作为《大纲》导言的誊清稿，《政治经济学批判序言》在柏林发表
1860 年	12 月 1 日	小册子《福格特先生》在伦敦出版

（续表）

1861 年	4 月	马克思应拉萨尔之邀去柏林四个星期，从而商讨创办一份日报。然而恢复国籍的申请被驳回了
1862 年	9 月 24 日	俾斯麦成为普鲁士首相
1863 年	5 月 23 日	拉萨尔在莱比锡创立了全德工人联合会
	11 月 30 日	马克思的母亲在特里尔去世
1864 年	4 月 1 日	马克思一家人搬到一个更大的房子，莫德纳—维勒街 1 号
	9 月 28 日	国际工人协会在伦敦成立（第一国际）
	11 月 24 日	有马克思撰写的第一国际的纲领性文件成立宣言和临时章程
1866 年	8 月 23 日	弗里德·冯·布拉格终结了普奥之间的战争
1867 年	9 月 14 日	《资本论》第一卷在汉堡出版
	9 月 24 日	新成立的北德意志联邦的第一届帝国议会召开
1869 年	6 月 30 日	恩格斯结束了他在曼彻斯特埃尔曼·恩格斯公司的工作，并分得了一份财产。马克思得到了一份每年 320 镑的收入
	8 月 9 日	社会民主工人党在爱森纳赫成立
1870 年	7 月 19 日	普法战争爆发
	7 月 23 日	马克思关于普法战争的第一份宣言发表，9 月份发表了第二份宣言。
	1 月 18 日	德意志帝国在凡尔赛缔结条约
	3 月 18 日	巴黎公社起义
	5 月 30 日	马克思的《关于法兰西内战》的宣言被批准
1872 年	9 月 6 日	国际工人协会总委员会在马克思的坚持下做出了迁往纽约的决定
1874 年	8 月 19 日	马克思和女儿艾琳娜迁往卡尔斯巴德疗养
1875 年	3 月 27 日	通过联合两个社会主义政党，德国社会主义工人党成立。马克思对该党党纲的批判文章《德国工人党纲领批注》没有被发表
	5 月	马克思一家搬进迈特兰德·帕克路 44 号的一所小房子
1878 年	10 月 18 日	针对社会民主危害社会秩序的斗争的法律被通过（"社会主义者法案"）

（续表）

1879 年	9 月 18 日	恩格斯将一封由马克思和他共同起草的"通告信"寄给社会民主党领袖
1881 年	1 月 11 日	马克思的妻子燕妮去世
1882 年	2 月	马克思开始了一次长途旅行，去了阿尔及尔、法国南部和瑞士
1883 年	1 月 11 日	马克思的大女儿去世于巴黎附近的阿让特伊
	3 月 14 日	马克思在伦敦长眠

二维码索引

后　记

　　2014 年初秋，我在完全没有防备的情况下被"慕课革命"的浪潮击中并拖下水来。那时候，我才真正明白什么是"世界潮流浩浩荡荡，顺之者昌，逆之者亡。"既然已经落水，那就"到中流击水，浪遏飞舟"吧！在随后四个月里，我和我的合作者以及助教团队在游泳中学习游泳，在制作慕课中了解慕课，按时完成《理解马克思：卡尔·马克思的生平与核心著作导读》慕课的制作，并于 2015 年 3 月 18 日在美国 Coursera 平台上线。据说，这是国际平台上第一门关于马克思和马克思主义的慕课。

　　《理解马克思》上线后反响尚佳，得到很多师长朋友的热情鼓励。在私下以学习者的身份将全部课程都学习一遍后，我感觉自己并没有脸红。于是我确信《理解马克思》应当是一门合格的或者说可以拿得出手的慕课。值此，我首先要感谢我的合作者周嘉昕副教授和孙乐强副教授，他们的参与确保了课程每一讲都达到了应有的专业水准；其次，我要感谢我的助教们：李乾坤、孔智键、李灿、顾梦婷、闫培宇、李亚熙、马宇超，以及时在伦敦大学玛丽皇后学院访学的张晓博士和时在柏林洪堡大学访学的张义修博士，他们的辛苦工作让我的几乎全部创作意图都得到完美实现；最后，我要感谢南京大学谈哲敏教授、王志林教授、陈建群教授，南京大学教务处邵进研究员、赵志宏教授，南京大学教师教学发展中心王守仁教授、施林森副主任、宋晓青老师，正是有了他们的信任、激励、支持和帮助，我才能完成这个原本不可能完成的任务。此外，我还要衷心感谢中共中央编译局文献信息部多

180

年来在文献资料方面给予我的支持和帮助，此次关于《共产党宣言》的部分珍贵史料就源于它的慷慨赠与。

　　《理解马克思》读本是根据《理解马克思》慕课脚本编写而成。导言、第一章和第三章由张亮撰写，第二章、第四章分别由周嘉昕副教授、孙乐强副教授撰写，李乾坤承担了部分图片编辑、文字编辑等技术性工作，并编制了附录中的马克思年谱。

张　亮

2015 年 7 月

责任编辑：崔继新
封面设计：王欢欢
版式设计：东昌文化

图书在版编目（CIP）数据

理解马克思：卡尔·马克思的生平与核心著作导读 / 张亮，周嘉昕，孙乐强 著 . —
　北京：人民出版社，2016.12
　（"南慕讲堂"丛书 / 王守仁主编）
ISBN 978 - 7 - 01 - 016414 - 4

I.①理… 　II.①张… 　②周… 　③孙… 　III.①马克思，K.（1818-1883）- 生平
事迹②马列著作 - 学习参考资料 　IV.① A712 ② A85

中国版本图书馆 CIP 数据核字（2016）第 151697 号

理解马克思
LIJIE MAKESI

——卡尔·马克思的生平与核心著作导读

张　亮　周嘉昕　孙乐强　著

人 K 土 K 社 出版发行
（100706　北京市东城区隆福寺街 99 号）

北京中科印刷有限公司印刷　新华书店经销

2016 年 12 月第 1 版　2016 年 12 月北京第 1 次印刷
开本：710 毫米 ×1000 毫米 1/16　印张：12
字数：180 千字

ISBN 978 - 7 - 01 - 016414 - 4　定价：36.00 元

邮购地址 100706　北京市东城区隆福寺街 99 号
人民东方图书销售中心　电话：（010）65250042　65289539